Dr. h. c. Julius Waldkirch

Der **Ur-Code** des **Er-Denken & Er-Glauben**

Das Signatur-Rückkoppelung-Widerspiegelung S-R-W Gesetz

novum premium

Dieses Buch ist auch als
e-book
erhältlich.

w w w . n o v u m p r o . c o m

Bibliografische Information
der Deutschen Nationalbibliothek:

Die Deutsche Nationalbibliothek
verzeichnet diese Publikation in der
Deutschen Nationalbibliografie.
Detaillierte bibliografische Daten sind
im Internet über
http://www.d-nb.de abrufbar.

© 2011 novum publishing gmbh

ISBN 978-3-99003-327-2
Lektorat: Mag. Iris Mayr
Innenabbildungen: Julian Stier, Mann-
heim

Die vom Autor zur Verfügung ge-
stellten Abbildungen wurden in der
bestmöglichen Qualität gedruckt.

Gedruckt in der Europäischen Union
auf umweltfreundlichem, chlor- und
säurefrei gebleichtem Papier.

www.novumpro.com

AUSTRIA · GERMANY · HUNGARY · SPAIN · SWITZERLAND

Inhalt

1. Vorwort

Erdenken – Erwünschen – Erglauben – Erschaffen – Erhalten.

Der *Code* eines Natur-Energie-Prinzips ist entschlüsselt.

Zur besseren Wahrnehmung der Vernetzung von unterschiedlichen Aspekten habe ich sie zusammengefasst im Gesetz der

Signatur – Rückkoppelung – Widerspiegelung,
kurz: *SRW-Gesetz.*

Aufgrund der Kenntnis und der daraus resultierenden Anwendung dieser schon immer bestehenden Ur-Energie ist es möglich, dass der Mensch sich bewusst weiterentwickelt und in der Evolution einen Sprung nach vorne machen kann. Er wird in die Lage versetzt, selbst über sein Schicksal bestimmen zu können, und ist nicht mehr einem übellaunigen Zufall ausgeliefert. Er kann sich alles, was er zu einem guten Leben benötigt, selbst besorgen, er wird Gesundheit ausdrücken und glücklich und zufrieden sein.

Schon einige der alten Weisen kannten diese Ur-Energie, nannten sie Gott und so ist es nur logisch, dass sie bereits in der Bibel erwähnt wird.

Laut dem Schöpfungsbericht unserer Bibel schuf Gott, als die personifizierte Ur-Energie, die Welt nach diesem Gesetz. Er sprach: „Es werde Licht", und es ward Licht. Er glaubte daran, sprach es aus und es verwirklichte sich.

Und Gott sprach: „Lasst uns Menschen machen, ein Bild, das uns gleich sei." Er visualisierte und „schuf den

Menschen ihm zum Bilde, zum Bilde Gottes schuf er ihn; und schuf sie einen Mann und ein Weib."

Als seine ihm gleichen Geschöpfe oder Kinder haben wir auch seine Göttlichkeit erhalten und, sofern wir uns unserer Abstammung bewusst sind, haben wir die gleiche Möglichkeit wie er, zu erschaffen und somit unser Leben selbst zu gestalten.

Gott hat seinen Kindern Selbstständigkeit gewährt und die Macht gegeben, ihr Schicksal selbst zu erschaffen. Ob dies gut oder schlecht ist, liegt somit ausschließlich bei ihnen selbst! Er greift ohne eine Bitte zur Hilfe nicht ein.

Nach 1. Moses 6 mischen sich die Kinder Gottes mit den Töchtern der Menschen (zweiter Schöpfungsbericht), was dazu führte, dass die Fähigkeit zum Erschaffen weitestgehend verloren ging. Auch der Glaube, dass dies möglich sei, verkümmerte immer mehr und so geriet dieses Naturgesetz in Vergessenheit.

Nur Eingeweihte kannten noch das Geheimnis und die Tragweite dieses SRW-Gesetzes und konnten es anwenden. Rudimentär schlummert es aber im kollektiven Unterbewusstsein der Menschheit weiter und so ist es erklärlich, dass es Menschen gibt, die Teile davon unbewusst anwenden. Es sind diejenigen, denen es meistens gut geht, die Erfolg haben und die sich mehr leisten können als andere.

Es wurde in der Menschengeschichte zwar immer wieder versucht, dem Menschen sein wahres Potenzial zu zeigen und ihm auch seine göttliche Abstammung klarzumachen, der negative Trend war aber letztendlich der stärkere.

Sogar Jesus Christus, der weltweit für Millionen Menschen der Sohn Gottes ist und nach dessen Lehren sich Kulturen gebildet haben und viele Völker richten, scheiterte in dieser Beziehung. Seinen Worten, dass es der Glaube jedes Menschen sei, der ihm selbst helfe, wurde damals wie auch heute keine Bedeutung zugemessen. Heilungen, zum Beispiel, wurden nur ihm zugeordnet, obwohl er immer betonte: „Dein Glaube hat dir geholfen." Auch all seine Hinweise auf die göttliche Kindschaft des Menschen und seine Einheit mit Gott verhallten und führten letztendlich zu seiner Hinrichtung. Diese Aussagen waren und sind auch heute noch Gotteslästerung. Es steht einem Menschen einfach nicht zu, sich Gott ähnlich zu begreifen. Priester und Kleriker aller Generationen verstehen da keinen Spaß, denn wo bliebe ihre Macht über Menschen, wenn diese ihre Gotteskindschaft begreifen und ausleben würden.

Aber auch für jemanden, der Gott und die Schöpfungsgeschichte der Bibel bezweifelt und eventuell die neue Idee eines „Intelligenz-Designers" vorzieht, der die Welt und uns ersonnen und gestaltet hat, oder der der Vielgötterei anhängt und vielleicht Gaia, die Mutter Erde, verehrt, gelten Aussagen von Jesus. Ja, selbst für Menschen, die nur an die Evolution glauben und Gott als Wahn hinstellen, funktioniert das neutrale Schöpfungsprinzip, sie alle können mit dem Wissen um das Gesetz der Signatur – Rückkoppelung – Widerspiegelung ihr eigenes Leben gestalten.

In jüngster Zeit bieten die Naturwissenschaften, insbesondere die Quantenphysik, immer wieder mehr Erklärungen an, um dieses Ur-Gesetz zu begreifen. Diese zeigen auf, dass das Denken Materie beeinflussen kann, dass Materie im Endeffekt verdichteter Geist ist.

Ein Umdenken hat eingesetzt: Geistige Phänomene werden von den Schulwissenschaften nicht mehr rundweg abgelehnt, etwas vordergründig Unerklärliches nicht um seiner selbst willen als unmöglich ad acta gelegt.

Überall entsteht eine diesbezügliche Literatur, die auch auf die Geheimnisse des Erschaffens eingeht. Dieses Buch geht darüber hinaus, indem es das Erdenken – Erwünschen – Erglauben – Erschaffen – Erhalten als Prinzip abhandelt. Es macht klar, wie die innere Einstellung hierzu sein muss und wie dies zu erreichen ist. An Beispielen wird gezeigt, wie und wobei das Gesetz der Signatur – Rückkoppelung – Widerspiegelung angewendet werden kann und bei welcher Situation es nicht angewendet werden sollte. Es ist ein Naturgesetz, das nicht zwischen Gut und Böse unterscheidet. Die Entscheidung trifft der Anwender! Er muss sich immer im Klaren sein, dass es ein Rückkoppelungsprinzip ist, das verstärkt alle Gedanken zum Urheber zurückspiegelt, die sich dann realisieren.

Nietzsche schrieb: „Wenn du lange in einen Abgrund blickst, dann blickt der Abgrund auch in dich hinein."

Wir bestimmen durch unser Denken, auch ohne dass wir uns dessen bewusst sind, unser Schicksal. Wir erschaffen die Situationen unseres Lebens.

Und so möchte diese Fibel auch vermitteln, wie zu denken ist, und nicht, was zu denken ist. Das Was bekommen wir vorgegeben, das Wie macht uns selbstständig und frei.

„Wenn ihr denkt und glaubt,
ich sei euer Vater im Himmel,
dann bin ich es!"

„Denn alles, was ihr er-denkt und er-glaubt,
das ist Realität",

sprach die Ur-Energie.

2. Einführung

in das
Gesetz
der

Signatur – Rückkoppelung – Widerspiegelung
(SRW-Gesetz)

Vom Geist zur Realität

Die *Signatur* (lateinisch „Signum") ist die allem Existie-
renden anhaftende Schwingung oder Frequenz. Sie drückt
die Wesensgestalt und Energie eines jeden Gegenstandes
aus. Lebewesen senden durch Emotionen und Gedanken
eine sehr starke Signatur aus, die sich mit anderen Dingen, die die gleiche Schwingung haben, in Verbindung
setzt.

Die *Rückkoppelung* entsteht, wenn die am Ausgang eines
beliebigen dynamischen Systems auftretende Leistung
auf die gleiche Eingangsgröße eines anderen gleich-
phasigen Systemeingangs trifft. Es ergibt sich dabei eine
Erhöhung der Eingangs- und damit auch der Ausgangs-
größen. Mit anderen Worten, jeder Gedanke breitet sich
aus und kommt durch die Widerspiegelung verstärkt
zurück. Er beeinflusst dadurch den Aussendenden, im
Guten wie im Bösen. Gute Gedanken und damit gute
Gefühle kann es nie genug geben, aber schlechte Gedanken und damit schlechte Gefühle können zu einer
Katastrophe führen.

Die *Widerspiegelung* ist eine auf die Antike zurückgehende Theorie, nach der alle Dinge Abbilder aussenden, die unmittelbarer Gegenstand der Wahrnehmung sind. Nach heutiger Auffassung sind die Grundstrukturen des Erkennens, die Widerspiegelung, bereits in niedrigen Entwicklungsstufen vorhanden. Die Widerspiegelung umfasst das erkannte wie auch das erkennende Objekt. Mit anderen Worten, ausgesendete Gedanken werden real widergespiegelt.

Die Signatur – Rückkoppelung – Widerspiegelung war jahrtausendelang nur den Eingeweihten bekannt. Bemerkenswert ist aber, dass sie in vielen Kulturen symbolisch erwähnt wird. Schon die alten Mysterienschulen, viele indische Rishis, Yogis, Zen-Buddhisten, die tibetischen Lamas sowie einige mittelalterliche Meister und Repräsentanten verschiedener Religionen wussten um seine Existenz und versuchten, mehr oder weniger erfolgreich, hinter das Geheimnis zu kommen, um das Gesetz zu verstehen und anwenden zu können.

Das wirkliche Wissen um die Signatur – Rückkoppelung – Widerspiegelung wurde von den Eingeweihten streng gehütet und in die unterschiedlichsten Symbole gehüllt. In unserem Kulturkreis zum Beispiel wurde es versteckt in der Legende vom „Stein der Weisen" oder der „Smaragdtafel des dreimal mächtigen Hermes Trismegistos" und so weiter. Symbole erschließen sich nur dem, der um ihre Bedeutung weiß, andernfalls verwirren sie und können auch auf eine falsche Fährte führen. Erst nach jahrzehntelangem geduldigem Lernen, diversen Prüfungen sowie nach dem Beweis charakterlicher Festigkeit und Eignung konnte ein Schüler hoffen, von seinem Meister in das Geheimnis eingeweiht zu werden.

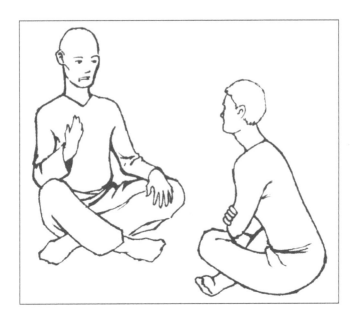

Es gab aber auch immer wieder Wissende, die versuchten, den Menschen klarzumachen, dass sie göttlicher Abstammung waren und darum auch schöpferische Macht besaßen. Dies war aber so ungeheuerlich und in der Konsequenz so unfassbar, dass ihre Offenbarungen in das Reich der Fantasie, Magie oder als Teufelswerk und Gotteslästerung verbannt wurden. Diese Offenlegung konnte sehr gefährlich sein. Die Geschichte ist voll davon, wie Freidenker, die sich nicht dem gerade herrschenden Schema, dem gerade praktizierten Glauben oder der gerade zu dieser Zeit anerkannten Heilkunst und Wissenschaft anpassten, mundtot gemacht wurden. Dabei traf es nicht nur Weise, die ihre Erkenntnisse darbrachten, sondern auch Wissenschaftler, die ein bisher unbekanntes Naturgesetz entdeckt hatten.

All dies führte dazu, dass die Erkenntnisse über die Signatur – Rückkoppelung – Widerspiegelung strengster Geheimhaltung unterlagen und jahrtausendelang weitestgehend im Dunkeln gehalten wurden.

Heutzutage, wo Menschen nicht mehr so ohne Weiteres wegen ihrer anderen Meinung oder Auffassung umgebracht werden, sondern höchstens kaltgestellt werden, wie zum Beispiel die von der katholischen Kirche suspendierten Theologieprofessoren Ute Rank-Heinemann, Hans Küng, Gotthold Hasenhüttl, wobei die Männer auch noch Priester waren, nehmen dies immer mehr Menschen in Kauf, pochen auf ihre Meinungsfreiheit und zeugen von ihrer Auffassung.

Gruppierungen, die Dogmen aufgestellt haben, das heißt, unumstößliche Glaubensrichtlinien, die ohne Hinterfragung der Behauptung akzeptiert werden müssen, gehen besonders heftig gegen Andersdenkende vor. Sie fürchten um ihre Authentizität, Macht und den Zusammenhalt der Gruppe. Dabei ist es egal, ob die Ketzer aus ihren eigenen Reihen kommen oder von außerhalb stammen. Anfällig für solches Verhalten sind Sekten, Kirchen, Parteien und alle Vereinigungen, die einen Absolutanspruch erheben.

Menschen, die gegen eine solche Gedankenknebelung aufmucken, sind in der heutigen Zeit nicht mehr allein, denn die Wissenschaft hat unterdessen unwiderlegbare Beweise auf den Tisch gelegt, die bezeugen, dass bisher unerklärliche Phänomene durchaus mit den Naturgesetzen konform gehen.

Unsere Signatur – Rückkoppelung – Widerspiegelung, die bisher nur als vage, astrale und okkulte Schwingung definiert wurde und die verschiedene Bezeichnungen führte, ist nun entschlüsselt und kann mit den heute zur Verfügung stehenden Messmethoden geortet werden.

Die Marine zum Beispiel spricht von der Signatur eines Schiffes und meint damit die individuelle und unverwechselbare Abstrahlung eines jeden Fahrzeugs. Die Frequenz richtet sich nach der Form und Masse des Rumpfs, den darin arbeitenden Maschinen, der verwendeten Elektrik, den spezifischen Magnetfeldern und so weiter. Diese Frequenz ist für jedes Schiff einmalig, auch wenn es baugleich mit anderen ist, und kann nicht verändert werden. Diese Abstrahlung kann von Unterwasser-Ortungsgeräten empfangen, aufgezeichnet und gespeichert werden. So ist es möglich, die wahre Identität eines jeden fahrenden Schiffes zu überprüfen und jedes gestohlene, gekaperte oder umbenannte Fahrzeug zu erkennen.

Auch die moderne Quantentheorie bringt uns einen Schritt weiter, das Wesen der Signatur zu erkennen. Die Quantenphysik oder auch Quantenmechanik beschäftigt sich mit den winzigsten Teilchen der Materie und dabei wurde Erstaunliches festgestellt. Ein Teilchen kann sich gleichzeitig an verschiedenen Orten befinden. (Nach

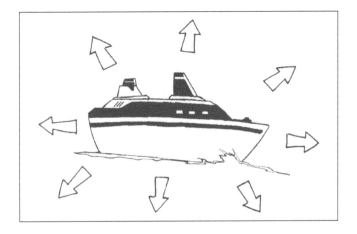

alter christlicher Überlieferung kann das nur der Teufel.) Teilchen sind über weite Entfernung hin miteinander verbunden und können sich durch ihre Vernetzung untereinander verständigen. Teilchen sind zweifacher Natur: Einmal sind sie fest an einem Ort als Materie, das andere Mal benehmen sie sich wie eine Welle. Das Befremdliche und Unverständliche ist, dass sie sich so verhalten, wie es der Forscher erwartet. Die unbewusste Erwartungshaltung des Wissenschaftlers beeinflusst die Struktur und das Verhalten der kleinsten Teilchen der Materie.

Jetzt betrachten wir wieder die Signatur. Wir erinnern uns, die Signatur ist die Bezeichnung für die Schwingung und Frequenz, die alles Existierende aussendet, und wir wissen, dass Lebewesen durch ihr Denken und ihre Emotionen eine besonders starke Signatur ausstrahlen.

Der Forscher sendet also durch seine Konzentration gedankliche Energiewellen aus, die von den Teilchen aufgenommen werden. Sie reagieren darauf und nehmen die Form an, die ihnen durch die Gedanken des Wissenschaftlers übermittelt wurde. Dabei ist es gleichgültig, ob der Wissenschaftler sich dieses Vorganges bewusst ist oder nicht.

Die winzigen Teilchen sind aber nun Grundlage jeder Materie und wenn sie durch die geistige Signaturstrahlung zu beeinflussen sind, so kann spekuliert werden, dass der Geist auch größere Materieteile beeinflussen kann, sofern er trainiert und stark genug ist.

Nach den neuesten Erkenntnissen verhält sich ein Wassertropfen ähnlich. Seine kleinsten Teilchen richten sich auch nach dem Experimentierenden. Bei Versuchen wurde festgestellt, dass, wenn aus einem Gefäß mit Wasser von einzelnen Wissenschaftlern jeweils ein Tropfen entnommen und dann unter dem Mikroskop untersucht wurde, die Tropfen von jedem Entnehmenden eine andere Struktur hatten. Obwohl die Tropfen alle aus dem gleichen Gefäß stammten, zeigten sie eine Charakteristik auf, die für jeden Entnehmenden anders war. Aber alle wiederholt entnommenen Tropfen eines Wissenschaftlers wiesen immer die gleiche Struktur auf.

 *Quintessenz:* Geist beeinflusst Materie!

Die Frequenz einer Signatur ist auch eine Welle und spätestens nach einer Tsunami-Katastrophe weiß die Menschheit, dass eine Welle auch Energie transportieren kann – und was für Energie.

Mit einem weiteren Merkmal, das auf die Signatur hinweist, befasst sich ein Mitarbeiter der Tageszeitung „Rheinpfalz", Michael Simm, in der Ausgabe vom 03.06.2008. Er berichtet, was Professor J. Bauer von der Universität Freiburg über die neuesten Erkenntnisse der Hirnforschung ausführt. Er erläutert, „dass die Bindungs-Forschung, besonders aus den Neuro-Wissenschaften, bedeutende Impulse erhalten habe. Spezielle Gehirnzellen, die sogenannten Spiegelneuronen, sorgten dafür, dass die Gefühle von Menschen, die untereinander in Kontakt sind, ineinander mitschwingen können und sich so über Netzwerke ein Resonanzgeschehen bildet und überträgt. So wie sich Schwingungen eines Musikinstruments auf ein anderes, gleich gestimmtes übertragen. Der Hirnforschung sei es unterdessen gelungen, im Magnetresonanztomografen diese Vorgänge im Gehirn sichtbar zu machen. Nach diesen Ergebnissen liegt die Vermutung nahe, dass ähnliche Schaltkreise für gemeinsames Lachen und Glücklichsein zuständig sind." So weit Professor J. Bauer.

Dem Menschen waren solche Vorgänge im Unterbewusstsein zugegen, daher die Begriffe wie Mitgefühl, Mitleid, Mitempfinden, Mitmenschlichkeit, Mitschuld und so weiter.

Die Signatur ist ein Naturgesetz und somit absolut neutral. Für sie gibt es kein „Gut" oder „Schlecht", kein „Hilfreich" oder „Schädlich". Nach dieser Exkursion in die wissenschaftlich festgestellten und messbaren Eigenschaften der Signatur ist es sicher leichter, den geistigen und okkulten Aspekt derselben zu verstehen und zu akzeptieren.

Wer mehr über die wissenschaftlichen Belange erfahren möchte, kann sich durch die überall erhältliche Literatur weiter informieren. Hier würde es zu weit führen, alle technischen Erkenntnisse zu erörtern.

Die geistige Signatur entsteht durch das Denken und die Emotionen der Lebewesen. Diese Signatur, vor allem die des Menschen, kann entgegen der konstanten Ausstrahlung von materiellen Objekten durch ein verändertes Denken und andere Emotionen gesteuert werden. So wie der Forscher durch sein unbewusstes Denken die winzigen Teilchen der Materie beeinflusst, so werden auch durch das bewusste Aussenden von Gedanken-Frequenzen geistige Dinge beeinflusst und verändert. Und da heutzutage viele Wissenschaftler der Meinung sind, Materie sei verdichteter Geist, ist die Vernetzung zwischen Geist und Materie verständlicher geworden.

Die Signatur hat die Eigenschaft, sich mit allen Dingen, die die gleiche Frequenz haben, zu verbinden. Durch diese Vereinigung entsteht eine Wechselwirkung, die widerspiegelt und die Welle mit ihrem geistigen Inhalt, nun enorm verstärkt, wieder zu ihrem Urheber zurückrollen lässt.

Der Aussender eines Gedankens hat also, bewusst oder unbewusst, seine Vorstellung, Wünsche, Hoffnungen, aber auch Depressionen, Ärger und Flüche, eben alles, was ein Gedanke an Positivem wie Negativem enthalten kann, mit gleichartigen Energien verbunden, sie dadurch angereichert und durch die Widerspiegelung verstärkt zurückerhalten. Dies ist die „Rückkoppelung".

Quintessenz: Gute und positive Gedanken
spiegeln verstärkt gute und
positive Gedanken zurück und erzeugen
angenehme Gefühle und Emotionen.

Schlechte und negative Gedanken
spiegeln verstärkt schlechte und
negative Gedanken zurück und erzeugen
unangenehme Gefühle und Emotionen.

Anders: Gute Gefühle und Emotionen
erzeugen gute und positive Gedanken.
Schlechte Gefühle und Emotionen
erzeugen schlechte und negative Gedanken.

In vielen alten Geistesschulen, wie Yoga, Zen, Tai Chi sowie einigen Mönchsgemeinschaften, war diese Wechselwirkung bekannt und die Schüler wurden in dieser Hinsicht unterrichtet.

Gedanken und Emotionen steuern wiederum Körperfunktionen und können je nachdem Wohlbefinden, Gesundheit und Erfolg bringen, aber auch Depression, Krankheit und Misserfolg erzeugen.

All dies geschieht weitestgehend unbewusst und ist meist abhängig von den Umständen, in denen ein Mensch lebt, seiner eingeprägten Erziehung und Erlebnissen sowie seiner Geisteshaltung.

Menschen, die ihr Denken und damit auch ihre Emotionen – oder auch ihre Emotionen und damit ihr Denken – im Positiven halten, werden in jeder Hinsicht glücklicher, fröhlicher, gesünder und erfolgreicher sein.

Und dies kann erlernt werden! Es gibt viele Bücher, Vorträge, Schulungen und so weiter, in denen das positive Denken mitgeteilt und unterrichtet wird. Aber oft ist positives Denken nur vermeintlich positiv! Es darf im Denken nie ein negativer Gedanke auftauchen und verwendet werden. Wie zum Beispiel das Wort „krank“. Wenn gedacht wird: „Ich bin nicht krank“, so ist der ganze Satz negativ, denn in diesem Fall ist „krank“ der Hauptbegriff, während das „nicht“ zu unbedeutend in der Aussage ist und darum auch nicht registriert wird. Da das Wort „krank“ vorherrscht, so wird es in der Signatur erscheinen, verstärkt werden und durch die Rückspiegelung die vermeintliche oder auch wirkliche Krankheit vorantreiben.

An eine Krankheit darf nie gedacht werden!

Das Denken muss lauten:
„Ich bin gesund!“, oder: „Ich werde von Tag zu Tag gesünder.“

Hier ist „gesund“ der Hauptbegriff, der in der Signatur erscheint, verstärkt wird und durch die Rückspiegelung das Gesunden ermöglicht.

Dies soll nun nicht heißen, dass, wenn jemand denkt: „Ich bin gesund", er keinen Arzt oder Medikamente mehr benötigt. Diese können vielmehr auch sein positives Denken unterstützen.

Das Gleiche gilt, wenn gedacht wird: „Ich will nicht arm sein." Auch das ist ein negativer Satz, der, weil „arm" der Hauptbegriff ist, die Armut verstärkt, anstatt sie zu beheben. Der Satz muss lauten:

„Ich will vermögend sein!" Und es wird eintreten.

Es kommt aber nicht nur auf das Denken an, sondern auch darauf, wie derjenige sich selbst sieht und fühlt. Wenn seine Emotionen ihm sagen, dass er doch nicht gesund und vermögend ist, so wird er auch keine Gesundheit und kein Vermögen entwickeln und erhalten. Denken und Fühlen, Gedanken und Emotionen müssen übereinstimmen.

Der wichtigste Aspekt ist „der Glaube" daran, dass das Positive eintritt beziehungsweise schon im Unterbewusstsein vorhanden ist.

Wir gehen nun einen Schritt weiter und kommen zu dem seit alters her bekannten, aber geheimen Wis-

sen der Eingeweihten. Es ist die gezielte Anwendung der Signatur. Diese Kenntnis ist unter den verschiedensten Aspekten und Begriffen praktiziert worden. Das Wort „Signatur" dürfte aber die allumfassendste Bezeichnung für das gesamte Spektrum sein und so habe ich es auch als Sammelbegriff gewählt.

3. Theorie

Die Signatur – Rückkoppelung – Widerspiegelung ist nicht nur eine Schwingung, die mit allem vernetzt ist und Wissen und Emotionen überträgt.

Signatur erzeugt Realität.
Das Bewusstsein erschafft mit der Signatur Realität.
Signatur ist ein Mittel der Schöpfung.
Geist verdichtet sich zu Materie.
Materie ist verdichteter Geist.
Das Denken erschafft Realität.
Alles wird durch den Glauben, dass es geschieht,
in die Realität gebracht.
Der Glaube ist der Motor der Schöpfung.
Jesus sagte: „Der Glaube versetzt Berge."

Dies sind gewaltige Gedankenformen und in unserem Weltbild kaum unterzubringen. Aber sie sind Realität. Mit dieser Realität werden wir uns nun befassen und Schritt für Schritt in das Wesen dieser Gedanken eindringen. Wir werden verstehen, warum die Menschheit mit wenigen Ausnahmen sie nicht verstehen und akzeptieren konnte und so eines ihrer größten Potenziale ungenutzt ließ und lässt.

Die Erkenntnisse der modernen Wissenschaften erleichtern uns den Weg zur Akzeptanz. Es wird aber trotzdem nicht leicht sein, ein jahrtausendealtes Weltbild umzukrempeln und den benötigten Glauben, der nicht religiös sein muss, dazu aufzubringen. Ich werde möglichst viele Beispiele anführen und auf die Literatur hinweisen, die sich schon mit dieser Thematik beschäftigt hat.

Die innere Einstellung eines Menschen spiegelt sich in der äußeren Wirklichkeit wider und wird zur Realität.

Wir sind der Schöpfer unserer eigenen Realität und unseres eigenen Schicksals.

Ständig erschaffen wir Wirklichkeit, indem wir entscheiden, was wir tun oder lassen.

Umgekehrt sind wir aber auch eingebunden in die Fakten, die wir selbst geschaffen haben.

Schon von Kindesbeinen an wird unserem Denken durch Kultur, Religion, Erziehung, Umwelt und so weiter eine Richtung vorgegeben, die sich dann im Unterbewusstsein festsetzt.

Bewusstsein schafft Realität.

Und so hindert das Massenbewusstsein der Menschheit auch so manchen, sich aus dieser, dem gerade herrschenden Zeitgeist entsprechenden Denkrichtung zu befreien.

Immer wieder gleiche Gedanken, die auch ein Handeln beinhalten können, werden durch das Neuronengeflecht in unserem Gehirn festgeschrieben und lassen uns unbewusst immer wieder das Gleiche denken und tun. – So eine Erkenntnis der Hirnforschung.

Ein Beispiel ist das Autofahren: Am Anfang fällt es sehr schwer, alle benötigten Handgriffe und Beinarbeiten und das Verkehrsgeschehen unter einen Hut zu bringen. Mit der Zeit aber, wenn sich die wiederholenden Handlungen des technischen Geschehens in das Neuronengeflecht des Gehirns eingeprägt haben, handeln wir automatisch und fahren, ohne noch an die Bedienung des Fahrzeugs denken zu müssen. Es ist auch interessant, zuzusehen, wie ein Säugling Handgriffe immer wiederholt, bis sie sich ihm eingeprägt haben und koordiniert sind. Genauso ist es mit dem Laufen, wir erlernen es und tun es dann automatisch. Alle sich wiederholenden Handlungen und Erfahrungen werden gespeichert, um bei Bedarf dann automatisch abgerufen zu werden.

Auch viele Emotionen, die in uns oft ungewollt auftreten, sind vorher durch sich wiederholende Erfahrungen, Unterrichtungen und Gedanken unbewusst in unserem Gehirn gespeichert worden. Und so handeln und reagieren wir oft schon, nur durch einen Sinnenreiz hervorgerufen, bevor wir nachdenken.

Es gibt Forscher, die den Menschen, bei Tieren ist es ähnlich, durch diese Tatsachen den freien Willen absprechen wollen. Sie berücksichtigen aber nicht, dass schnelles, auf Erfahrung beruhendes Handeln oft vor Unfall und Tod retten kann. Diese Verhaltensmuster sind nicht negativ zu bewerten. Sie sind natürlich und ein lebenswichtiger Beitrag zur Arterhaltung. Eine Gazelle zum Beispiel überlegt nicht lange, was sie tun soll, wenn sie einen Löwen bemerkt hat und die Gefahr besteht, gefressen zu werden, sie flieht einfach!

Beim Menschen ist es genauso. Die durch Erfahrung und Erlernen eingeprägten Neuronenmuster helfen ihm

blitzschnell, den Mustern entsprechend zu reagieren und so rechtzeitig einer plötzlichen Gefahr auszuweichen oder zu einer Verteidigung bereit zu sein. Ein Überlegen würde oft zu lange dauern, um noch angemessen reagieren zu können.

Im Fachblatt „Nature Neuroscience" berichtete die Universität Oxford in der Oktober-2009-Ausgabe von einem Experiment, in dem festgestellt wurde, dass nach einem Jongliertraining von täglich dreißig Minuten, sechs Wochen lang, eine Veränderung der weißen Gehirnsubstanz stattgefunden hat. Auch dies ist ein Beweis, dass sich Neuronenmuster einprägen.

Anerzogene und eingeübte Verhaltenskodexe sind sicher auch gut für Sozial- und Solidargemeinschaften, hindern aber oft am eigenständigen Denken einer Person. Wagt

es jemand doch, quer zu denken, so hat sie sofort alle anderen gegen sich und wird wieder in die Denkrichtung der Gruppe gezwungen oder ausgegrenzt. Auch die Führer einer Gemeinschaft finden es absolut nicht angebracht, wenn sich jemand mit seinem Denken von der Gemeinschaft abhebt, denn er kann so eine Gefahr für die Akzeptanz der Führung werden. Autoritäre Charaktere werden sich nicht lange mit Diskussionen aufhalten, sondern versuchen, den Störenfried sofort zur Raison zu bringen oder zu eliminieren.

Werfen wir nun einen diesbezüglichen Blick in die Politik und die Religionen, in die Arbeitswelt und das Vereinsleben. In Parteienlandschaften, die offiziell demokratisch sein wollen, wird die Demokratie doch ab und zu außer Kraft gesetzt, und zwar dann, wenn ein Parteimitglied gegen die vorgegebene Ideologie verstößt. Dann heißt es: Gemeinschaft, Parteidisziplin und der Querdenker wird zur Gemeinsamkeit aufgefordert, moralisch unter Druck gesetzt und gegebenenfalls ausgeschlossen. Dabei spielt es keine Rolle, ob der zum Beispiel andersdenkende Abgeordnete, der laut Gesetz nur seinem Gewissen verantwortlich ist, in Gewissenskonflikt gerät oder nicht. Die intern vorgegebene Richtung wird diktatorisch durchgesetzt.

Ähnlich verhält es sich, wenn angeblich demokratische Führer oder Vorsitzende einer Partei oder Regierung die Unwahrheit sagen, um durch Lügen eine ihnen genehme Denk- und Gefühlswelt zu erzeugen und auf ihr Ziel hin auszurichten.

Zu diesem Thema gibt es ein Buch „Die Welle", erschienen im Ravensburger Buchverlag. In ihm beschreibt der Autor Morton Rhue ein von dem Highschool-Lehrer Ron Jones in Amerika durchgeführtes Experiment. In diesem wird bewiesen, dass viele Menschen für faschistoides Denken anfällig sind und sich von dem Slogan

„Macht durch Disziplin,
Macht durch Gemeinschaft,
Macht durch Handeln"

beeindrucken lassen.

Von diesen vorgegebenen Gedankenformen, die uns unsicher und hilflos machen, müssen wir uns befreien. Wir müssen erkennen, dass wir uns durch das anerzogene Denken unbeabsichtigt selbst beschränken, und da es unsere eigenen Gedanken sind, merken wir nicht, dass sie es sind, die uns fesseln. Wir sind somit Gefangene einer allgemeinen Denkrichtung. Es ist sehr schwer, dies zu erkennen, und noch schwerer, sich davon zu befreien.

Die mit am schwersten zu lösende Gedankenfessel ist die Religionsfessel. Das heißt nun nicht, dass Religiosität schlecht ist, nein, sie kann auch im Hinblick auf die Signatur viel Gutes bewirken. Denn viele Religionen lassen erkennen, dass ihre Gründer um das Gesetz der Signatur – Rückkoppelung – Widerspiegelung wussten und versuchten, es zu vermitteln und weiterzugeben.

Es ist die Fessel gemeint, die durch Menschen mithilfe von erfundenen unumstößlichen Wahrheiten, den Dogmen, geknüpft wurde. Es waren dies Menschen, die selbst nicht mehr fähig waren, die Signatur – Rückkoppelung – Widerspiegelung

als real zu erkennen und anzuwenden, und darum einen Machtverlust fürchteten. Sie hielten durch diese Fessel andere Menschen in Unwissenheit, um sie leichter beherrschen und ausbeuten zu können.

Einige Beispiele werden dies verdeutlichen:

Das Max-Planck-Institut in Jena untersuchte den Hinduismus mit seinem Kastensystem in Bezug zu den wirtschaftlichen Leistungen seiner Anhänger. Dabei stellte sich heraus, dass das Kastensystem, obwohl es vor einigen Jahren offiziell per Gesetz abgeschafft worden war, immer noch in den Köpfen weiterwirkt. Noch immer sind die Menschen dort in die Kaste eingebunden, in die sie hineingeboren werden. Von alters her war die indische Bevölkerung in vier Hauptkasten eingeteilt: erstens die Brahmanen, zweitens die Krieger, drittens die Kaufleute, viertens die Bauern. Dann gab es noch die Kastenlosen, die „Unberührbaren". Sie verrichteten nur die niedrigsten und schmutzigsten Arbeiten, wie Straßen- und Kloakenreinigung, und hausten oft auf Müllkippen, die sie auf noch Verwertbares durchwühlten.

Das Kastensystem zementierte die Bevölkerung, denn es war kaum möglich, von einer niederen Kaste in eine höhere aufzusteigen und so auch ein höheres Ansehen zu gewinnen sowie eine wirtschaftliche Besserstellung zu erreichen. Nach dem Glauben der Hindus regelt das Gesetz des Karmas das Hineingeborenwerden in eine bestimmte Kaste. Es ist ein Gesetz des Ausgleichs, denn je nach den Taten in einer früheren Inkarnation (früheres Leben) wird ein Mensch im Jetzt wieder inkarniert (wiedergeboren). Dies ermöglicht es ihm, sich durch bessere Taten von Inkarnation zu Inkarnation weiter- und höher zu entwickeln. Ein Mensch hat also in dem ihm vom Gesetz des Karmas zugewiesenen Dasein zu verharren und es zu durchleben, um in der nächsten Inkarnation in eine höhere Kaste aufzusteigen. Das war sehr praktisch, muckten doch die Unterprivilegierten nicht auf.

Ausnahmen bestätigen die Regel. Es gab Menschen, die sich aus dieser Denkrichtung befreiten und das Gesetz der Signatur anwendeten. So schaffte es sogar ein „Unberührbarer", in Indien Ministerpräsident zu werden. Solange aber ein Mensch sich selbst als unwürdig und minderwertig ansieht und als zugehörig zur jeweiligen Lebenssituation akzeptiert, wird er nichts dagegen unternehmen und ein Spielball des Schicksals bleiben.

Auch im Christentum werden immer wieder die Menschen am selbstständigen Denken gehindert. Es wird ihnen ein Schuldgefühl aufoktroyiert, das sie lähmt. Sie werden mit Höllenqualen bedroht, wenn sie nicht das tun, was die Geistlichkeit ihnen als angeblichen göttlichen Willen unterbreitet. Wenn sie aber alles brav befolgen, ist Gott vielleicht gnädig und sie dürfen nach ihrem irdischen Tod bei ihm sein und sind des Paradieses teilhaftig.

Sollte ein Mensch anfangen frei und unabhängig zu denken, so wird er erkennen, dass die Priesterschaft den angeblichen göttlichen Willen benutzt, um ihre eigene Macht zu legitimieren und die Menschen in ihrer Abhängigkeit zu halten. Auch merkt der Denkende, dass die Bibel, um dies zu erreichen, manipuliert wurde. Scheinen zum Beispiel in der Bibel die Aussagen über die Signatur noch durch und wird erwähnt, dass der Mensch eine eigene Schöpferkraft besitzt, so wird dies von den Geistlichen als Gleichnis interpretiert und als nicht relevant für den Menschen hingestellt. Dem Menschen steht es nicht zu, sich – so wie es Jesus fordert – als gottgleich zu sehen sowie Herr und Gestalter seines eigenen Schicksals zu sein. Dies wird als Gotteslästerung bewertet und dementsprechend geahndet.

Betrachten wir in dieser Hinsicht die Bibel etwas genauer, so erkennen wir in den zwei verschiedenen Schöpfungsberichten einen absoluten Widerspruch über die Qualität des Menschen.

Im ersten Schöpfungsbericht steht bei 1. Moses, 26 und 27, fünfter Tag: „Und Gott sprach: ‚Lasst uns Menschen machen, ein Bild, das uns gleich sei.‘ Und Gott schuf den Menschen ihm zum Bilde, zum Bilde Gottes schuf er ihn und schuf sie ein Mann und ein Weib.“

Nach diesem ersten Schöpfungsbericht sind die Menschen das Ebenbild Gottes. Er gab ihnen (28) den Auftrag, sich die Erde untertan zu machen. Er gab ihnen die Macht und er gab ihnen seine Göttlichkeit, denn er schuf den Menschen ja als Bild, das ihm gleich sei. Was

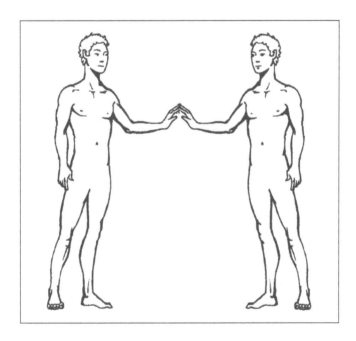

ganz wichtig ist: Er beschränkte ihn in keiner Weise. Der Mensch, als Ebenbild Gottes erschaffen, war dadurch selbst zu einem Schöpfer geworden und damit Gestalter seines eigenen Schicksals.

Bestätigt wird diese Auffassung durch Jesus, indem er in der Bergpredigt fordert: „Darum sollt ihr vollkommen sein, gleich, wie euer Vater im Himmel vollkommen ist." (Mt. 5,48.)

Vollkommen kann aber nur ein göttliches Wesen sein.

Jesus versuchte auch, seinen Jüngern die Vernetzung von Mensch und Gott zu erläutern. In Johannes 14,10–31 und 15,1–10 wird darüber berichtet. Er sagt unter anderem: „An demselben Tag werdet ihr erkennen, dass ich in meinem Vater bin, und ihr in mir und ich in euch." Also, wenn Jesus in Gott ist und seine Jünger in ihm, so sind auch sie in Gott. Das ist die Vernetzung jedes mit jedem. Er erklärt weiter: „Mein Vater ist der Weingärtner, ich bin der Weinstock, ihr seid die Reben. Wer in mir bleibt und ich in ihm, der bringt viel Frucht." Oder: „So ihr meine Gebote haltet, so bleibt ihr in meiner Liebe, gleich, wie ich meines Vaters Gebote halte und bleibe in seiner Liebe."

Jesus spricht auch die Signatur – Rückkoppelung – Widerspiegelung an, indem er sagt: „So ihr in mir bleibt, werdet ihr bitten, was ihr wollt, es wird euch widerfahren." Wer hätte je gesagt, dass Jesus ein Lügner sei?

Im ersten Schöpfungsbericht wird dargelegt, dass der Mensch als Gottes Ebenbild gleich ihm göttlich ist.

Im zweiten Schöpfungsbericht steht etwas ganz anderes (2. Moses 7). Hier ist der Mensch nicht das Ebenbild Gottes, hier ist er ein Diener seines Herrn. Er ist verfügbar und wird zum Arbeiten benötigt. Es beginnt schon damit, dass der Mensch von Gott – hier ist Gott der Herr – aus einem Erdenkloß geschaffen wurde. Dann nahm Gott, der Herr, den Menschen und setzte ihn in seinen Garten Eden, dass er ihn bebaute und bewahrte. Gott, der Herr, brauchte also einen Gärtner für seinen Garten. Als Herr verbot er ihm aber sofort, die Früchte vom Baum der Erkenntnis zu essen, denn er wollte ihn so in Unwissenheit halten. Auch belog er seinen Gärtner, indem er ihm drohte, dass, wenn er von den Früchten essen würde, er sterben müsse. Dies war aber nicht so. Wie wir aus der Bibel weiter erfahren, hielten sich Adam und seine Gehilfin Eva, die Gott, der Herr, aus einer seiner Rippen gemacht hatte, nicht an das Verbot. Sie starben aber nicht, sondern wurden als Gärtner entlassen, aus dem Garten Eden verwiesen und verflucht.

Laut 1. Moses 3,16–24 sprach Gott, der Herr: „Und zum Weibe sprach er: ‚Ich will dir viel Schmerzen schaffen, wenn du schwanger bist, du sollst mit Schmerzen Kinder gebären und dein Verlangen soll nach deinem Manne sein und er soll dein Herr sein.' Und zu Adam sprach er (17): ‚Dieweil du hast gehorcht der Stimme deines Weibes und gegessen vom Baum, davon ich dir geboten und sprach, du sollst nicht davon essen. Verflucht sei der Acker um deinetwillen, mit Kummer sollst du dich darauf ernähren dein Leben lang. (18) Dornen und Disteln soll er dir tragen und sollst das Kraut auf dem Felde essen. (19) Im Schweiße deines Angesichts sollst du dein Brot essen, bis du wieder zu Erde werdest, davon du genommen bist. Denn du bist Erde und sollst zu Erde werden.' (24) … und trieb Adam aus und lagerte vor dem Garten Eden die Cherubim mit dem bloßen hauenden Schwert, zu bewahren den Weg zu dem Baum des Lebens."

Denn Gott, der Herr, fürchtete, dass sein Gärtner Adam auch noch vom Baum des Lebens essen könnte und dann wie er unsterblich würde. Das galt es zu verhindern.

Gott führt sich hier nicht wie ein liebender Vater auf, er ist grausam und rachsüchtig, vor allem, weil er seine Flüche auch auf die unschuldigen Nachkommen Adams ausdehnt und wir heute noch unter dieser „Erbsünde" leiden müssen.

Wir haben laut Bibel zwei völlig voneinander abweichende Schöpfungsberichte!

Im *ersten* erschafft Gott ein Ebenbild von sich selbst und gibt ihm demnach auch seine Göttlichkeit, Macht und Freiheit mit. Er beschränkt sein Ebenbild nicht und verbietet auch nichts. Der Mensch ist ihm gleich! Es ist ein Vater-und-Kind-Verhältnis.

Im *zweiten* erschafft Gott, der Herr, den Menschen als Gärtner, der seinen Garten Eden bebauen und bewahren soll. Er legt ihm Gebote auf und weil dieser sie nicht befolgt, wird er verflucht und drangsaliert. Er macht dabei Adam auch sehr deutlich klar, dass er nur ein für kurze Zeit beseelter Erdenkloß ist, der wieder zu Erde wird. Es ist ein Herr-und-Diener-Verhältnis.

Nach diesen beiden unterschiedlichen „Schöpfungsberichten" taucht doch die Frage auf, gibt es auch zwei verschiedene Menschengeschlechter?
    Nach der Bibel zu urteilen, scheint es so zu sein.

Bei 1. Moses 6,2 steht: „Da sahen die Kinder Gottes nach den Töchtern der Menschen, wie sie schön waren, und nahmen zu Weibern, welche sie wollten." 6,4: „Es waren auch zu den Zeiten Tyrannen auf Erden; denn da die Kinder Gottes zu den Töchtern der Menschen eingingen und sie ihnen Kinder gebaren, wurden daraus Gewaltige in der Welt und berühmte Männer."

Jetzt tauchen weitere Fragen auf:
Die Kinder Gottes vermischten sich mit den Töchtern der Menschen!
Verloren ihre Nachkommen dadurch ihre Unsterblichkeit und vergaßen sie damit ihre göttliche Herkunft?
Vergaben sie die Macht, ihr Schicksal selbst zu gestalten?
Wurden sie durch andere Lebensbedingungen manipuliert?
Hat eine Kreatürlichkeit ihren Geist überlagert?

In 1. Moses 2,24 steht: „Auch darum wird ein Mann seinen Vater und seine Mutter verlassen und an seinem Weibe hangen und sie werden sein ein Fleisch."

Wie dem auch sei, ab hier berichtet die Bibel nur noch selten von den Kindern Gottes. Ab hier sind die Menschen macht- und hilflos einem launischen und eifersüchtigen Herrn ausgeliefert.

Stimmt dies aber?

Ist Gott, der Herr, wirklich so grausam und mitleidlos, wie er so oft im Alten Testament hingestellt wird? Sind es nicht vielleicht Menschen gewesen, die ein solch negatives Gottesbild schufen, damit sie mit der Drohung von Gottes Zorn die anderen Menschen in Schach halten konnten? Damit sie als die Interpreten von Gottes Willen Menschen missbrauchen konnten?

Dazu musste aber erst den Menschen ihr Selbstbewusstsein genommen werden, es musste ihnen ihre Göttlichkeit aberkannt werden. Hierzu eignete sich besonders gut der zweite Schöpfungsbericht. Denn darin stammt der Mensch nicht von Gott ab, sondern von einem Erdenkloß. Er ist verfügbar, sündig, verflucht, heimatlos und lebt darbend, bis er stirbt und wieder zu Erde wird. Damit aber nicht genug, die Verfehlung unserer Urahnen, vom Baum der Erkenntnis gegessen zu haben, und die Strafe dafür werden vererbt. Diese Erbsünde geistert auch heute noch in den Menschen umher. Sie wird noch angeführt, um uns als potenzielle Sünder hinzustellen und uns so moralisch unter Druck zu halten, obwohl wir Nachkommen doch wirklich nicht für den Ungehorsam unserer Vorfahren verantwortlich gemacht werden können.

Auch in der Geschichte von Kain und Abel und der Rede von Lamech (1. Moses 4) wird dargelegt, dass der Mensch prinzipiell verwerflich ist, indem er gleich nach der Schöpfung mordet.

Das Buch Hiob zum Beispiel zeigt deutlich, wie Handlungen zurechtgebogen werden. Es wird gezeigt, wie überflüssig und belanglos Menschen angeblich sind. Sie werden wie Schachfiguren hin- und hergeschoben und sind den Launen der Spieler entsprechend austauschbar. Was hier geschildert wird, ist ungeheuerlich, eines Gottes absolut unwürdig und darum unmöglich! Denn es wird in der Geschichte behauptet, Gott habe mit dem Satan gewettet! Er habe seinen Knecht Hiob für eine Versuchsreihe zur Verfügung gestellt und zugelassen, dass Satan dessen unschuldige Töchter, Söhne, Gesinde und Vieh mitleidlos töte. Wo bleibt hier die Gerechtigkeit Gottes? Seine Zuverlässigkeit, seine Allwissenheit? Und woher wissen die Autoren diese Begebenheit?

Weiterhin werden die Menschen mit der Drohung von Gottes Zorn in Angst und Schrecken gehalten. In Moses 28,15–68 steht hierzu: „Wenn du aber nicht gehorchen wirst, der Stimme des Herrn, deines Gottes, dass du

haltest und tust all seine Gebote und Rechte, so werden all diese Flüche über dich kommen und dich treffen." Es werden dann alle denkbaren Flüche und Verwünschungen aufgezählt, von Hunger und Not, Schmach und Schande, Krankheit und Tod. Am perfidesten aber ist, dass auch Unschuldige wie die eigenen Söhne und Töchter leiden müssen, nur, um den Schuldigen zu treffen. Am Schluss heißt es dann: „… so wird der Herr erschrecklich mit dir umgehen."

Des Weiteren wurde den Menschen von ihren Oberen eingeredet, sie seien zu unwürdig, unmündig und unwissend, um Gott verstehen zu können, und deshalb bräuchten sie Vermittler, die ihnen Gottes Willen kundtäten. Und diese Gottesversteher seien eben sie – die Priester.

Für all diejenigen, die brav und folgsam die angeblich von Gott stammenden Gebote befolgen, ihren menschlichen Oberen gehorchen, oder die, die ihre Sünden bekennen und versprechen, in Zukunft den Anweisungen zu gehorchen, wurde ein Hoffnungsschimmer installiert. Ihnen wird als Belohnung in Aussicht gestellt, dass sie nach ihrem Tod eventuell ins Paradies gelangen können, wenn Gott gnädig ist. Und damit die Menschen nicht an diesen vagen Versprechungen zweifeln, wird ihnen erklärt, dies sei eine göttliche Verheißung und daran zu zweifeln, sei eine Sünde, die wiederum von Gott bestraft werde.

Durch diese Manipulation des Worts Gottes schufen sich die selbst ernannten Vertreter Gottes auf Erden eine immense Machtfülle. Aber nicht genug, sie festigten ihre Macht, indem sie weltliche Herrscher im Namen Gottes salbten und krönten und sie damit befugten, über Leib, Leben und den Besitz ihrer Untertanen zu verfügen. Voraussetzung war allerdings, dass die weltlichen Potentaten die Priester als die alleinigen Vertreter Gottes akzeptierten und anerkannten sowie ihren göttlich inspirierten

Anweisungen Folge leisteten und einen entsprechenden Obolus zahlten.

Wenn wir die Bibel neutral betrachten und uns von dem traditionellen und anerzogenen Denkschema lösen, dann erkennen wir, dass sie uns überwiegend ein ganz falsches Gottesbild vermittelt. Vor allem das Alte Testament zeigt uns doch einen eifersüchtigen, launischen und brutalen Stammesgott. Gott kann aber so nicht sein! Ein liebender Vater würde so niemals mit seinen Kindern umgehen und ein Schöpfer würde alles tun, damit seine Geschöpfe sich höher entwickeln. Er würde sie niemals demütigen, drangsalieren und knechten oder aus einer Laune heraus töten. All dies lässt doch nur den Schluss zu, die Bibel ist Menschenwerk und bestens geeignet, Mitmenschen in Abhängigkeit zu halten.

Jesus erkannte, dass er Gottes Sohn ist und demnach alle Menschen, wie im ersten Schöpfungsbericht beschrieben, Gottes Kinder sind! Er versuchte, dies seinen Jüngern und Anhängern beizubringen. Er versuchte, die Menschen aus ihrem falsch eingefahrenen Denken zu lösen, sie aus ihrer Lethargie aufzurütteln und über die Machenschaften ihrer geistigen Führer aufzuklären.

Er erklärte in seiner Strafpredigt bei Matthäus 23,2–4 und 13:

(2) „Auf Moses' Stuhl sitzen die Schriftgelehrten und Pharisäer. (3) Alles nun, was sie euch sagen, das ihr halten sollt, das haltet und tut's, aber nach ihren Werken sollt ihr

nicht tun; sie sagen's wohl und tun's nicht. (4) Sie binden aber schwere und unerträgliche Bürden und legen sie den Menschen auf den Hals, aber sie wollen dieselben nicht mit einem Finger regen. (13) Weh euch Schriftgelehrten und Pharisäern, ihr Heuchler, die ihr das Himmelreich zuschließet vor den Menschen! Ihr kommt nicht hinein und die hineinwollen, lasset ihr nicht hineingehen."

Wie die Versuche Jesu ausgingen, wissen wir. Nur wenige erkannten, dass die Gottheit im Menschen ist, zwar schlummernd, aber erweckbar.

Jesus wusste um die Signatur-Ausstrahlung. Er wies immer wieder darauf hin, dass es der Glaube ist, der sie in die Realität bringt. Bei jeder Heilung betonte er: „Dein Glaube hat dir geholfen." Er betonte damit deutlich, dass nicht er geheilt habe, sondern der „Kranke" sich selbst, durch seinen Glauben an seine Gesundheit. Jesus hat lediglich diesem Glauben die Gewissheit gegeben.

Dieses Erglauben bezieht sich aber nicht nur auf Heilung. Es bezieht sich auf alles, was ein Mensch sich wünscht.

Jesus spricht laut Johannes 11,40: „Hab ich dir nicht gesagt, so du glauben würdest, du solltest die Herrlichkeit Gottes sehen?" Oder in Markus 11,23–24: „Wahrlich, ich sage euch, wer zu diesem Berge spräche: Heb dich und wirf dich ins Meer und zweifelte nicht in seinem Herzen, sondern glaubte, dass es geschehen würde, was er sagt, so wird's ihm geschehen, was er sagt." (24) „Darum sage ich euch, alles, was ihr bittet in eurem Gebet, glaubt nur, dass ihr's empfangen werdet, so wird's euch werden."

Die überwiegende Anzahl der Schriftgelehrten und Pharisäer glaubte an das, was ihnen gelehrt worden war, und danach war Jesus ein Gotteslästerer, der mit dem Tode bestraft werden musste. Außerdem fürchteten sie um ihr Ansehen und einen Machtverlust, wenn Jesus weiterhin predigte und zu einer Änderung des Denkens aufforderte.

Das Christentum war am Anfang eine Religion des niederen Volkes, weil sie dieser Schicht Hoffnung gab. Einige Zeit nach dem Tod der Apostel und Zeitzeugen Jesu begann ein Problem. Die Bewegung war unterdessen so groß geworden, dass sie zu einer Bedrohung der weltlichen Herrscher wurde. Diese reagierten mit der Christenverfolgung. Die geplante Vernichtung war aber nicht sehr erfolgreich und so wurde versucht, die Christen einzubinden.

Staatsmacht und Urkirche verbündeten sich und das brachte eine fürchterliche Allianz hervor. Jetzt wurde, wie wir von dem Konzil in Konstantinopel im Jahre 381 her wissen, manipuliert. Es wurde darum gefeilscht, welche Aussagen und Erzählungen von und über Jesus in das Neue Testament aufgenommen werden sollten. Es gab ja keine authentischen Berichte über sein Wirken und erst Jahrzehnte später wurde von verschiedenen Autoren versucht, sein Leben und seine Botschaft aufzuzeichnen. Aber jeder Mensch weiß, dass Nachrichten, die von Mund zu Mund weitergegeben werden, immer mehr verändert und verfälscht werden, und dies umso mehr, wenn auch noch mehrere Berichterstatter daran beteiligt sind. Änderungen zugunsten der weltlichen wie auch der kirchlichen Macht waren somit Tür und Tor geöffnet. Widersprüche, die so entstanden, waren belanglos, da nur Priester berechtigt waren, in der Bibel zu lesen, und die konnten sie je nach Bedarf so oder so auslegen. Den Gläubigen war die Lektüre der Heiligen Schrift nicht gestattet, die meisten waren sowieso Analphabeten und

so waren sie auf die Priester angewiesen und deren Vermittlung von Gottes Wort.

Die christliche Kirchenhierarchie hatte sich eine riesi-
ge Machtposition geschaffen, die Geistlichen waren die
Herrscher im Diesseits und Jenseits. Die Päpste betrach-
teten sich als die Nachfolger Christi und die Stellvertreter Gottes und behaupteten, stets im Einvernehmen mit
ihm zu wirken, und darum seien ihre diesbezüglichen
Anweisungen unfehlbar. Sie setzten geistige und weltliche Würdenträger ein. Sie exkommunizierten und ver-
dammten alle, die ihnen nicht angenehm waren. Sie sprachen selig und heilig und bestimmten die Rangordnung
im Paradies. Die selbst ernannten Stellvertreter Gottes le-
gitimierten sich selbst, über alle Menschen zu bestimmen
und sie zum rechten Glauben zu zwingen oder zu töten.

Was für eine Überheblichkeit!

Die Menschen wurden zu reinen Befehlsempfängern
degradiert, ihnen wurde vorgegeben, was sie zu glauben
hatten und wie sie leben sollten. Zur belastenden Erbsünde kam noch etwas hinzu, das das Selbstwertgefühl
auf den Nullpunkt drückte: der Tod von Jesus Christus.
    Die Menschheit war ja wegen der Verfehlung von
Adam und Eva von Gott, dem Herrn, verflucht worden.

Um nun diesen Fluch aufzuheben, musste im alttestamentarischen Sinn ein Menschenopfer dargebracht werden und so opferte Gott, der Herr, seinen eingeborenen Sohn. Beim genauen Überlegen stellen sich doch einige Fragen: Wer sollte mit dem Opfer versöhnt werden? Gott, der Herr, selbst? Wie steht es mit seiner Unfehlbarkeit und Allmacht, wenn er erst den Menschen die Erbsünde aufbürdet und dann seinen Sohn opfert, um diese wieder aufzuheben?

Frank Schätzing lässt in seinem Roman „Der Schwarm" im Epilog Samantha Rowe Folgendes sagen: „Man kann es noch drastischer formulieren: Gott hat mit der Menschheit nicht gerade ein Meisterstück abgeliefert. Er hat gepatzt. Er hat nicht verhindern können, dass die Menschen sündig wurden, also sah er sich gezwungen, seinen Sohn zu opfern, um die Schuld zu tilgen."

Diese ganze Konstruktion vom Opfertod Jesu ist doch nicht stimmig. Sie sieht sehr nach Menschenwerk aus. Auch deuten viele Aussagen von Jesus auf einen ganz anderen Gott hin, auf einen liebenden, verzeihenden und verständnisvollen Vater und nicht auf einen, der Menschen opfert.

Jesus ist gekreuzigt worden, weil er einigen machtbesessenen Schriftgelehrten und Pharisäern im Wege war!

Es gibt sogar einige Forscher, die behaupten, Jesus sei gar nicht am Kreuz gestorben. Sie folgern, dass die Zeit, die er am Kreuze war, bevor er abgenommen wurde, bei Weitem nicht ausgereicht habe, um jemanden vom Leben zum Tod zu bringen. Jesus hing auch nicht, sondern stand auf einem Querholz und dies verhinderte, dass das Gewicht des Körpers, die Arme waren ja festgenagelt, den Leib nach unten zog, dadurch die Lungenfunktion blockierte und ein Erstickungstod eintrat. (Die orthodoxe Kirche stellt das Kreuz immer mit einem Querbalken dar.)

In Johannes 19, 3–33 steht hierzu: „Die Juden aber, dieweil es der Rüsttag war, dass nicht die Leichname am Kreuz blieben den Sabbat über, baten sie Pilatus, dass ihre Beine gebrochen und sie abgenommen würden. (32) Da kamen die Kriegsknechte und brachen dem ersten die Beine und dem anderen, der mit ihm gekreuzigt war. (33) Als sie aber zu Jesus kamen, da sie sahen, dass er schon gestorben war, brachen sie ihm die Beine nicht."

Das Beinebrechen bezweckte, dass der Delinquent nicht mehr stehen konnte, sondern hing und so der Tod durch Ersticken unmittelbar eintrat.

Laut Bibel war Jesus sehr schnell gestorben. Die Nagelwunden konnten aber, nach Meinung der Fachleute, nicht die Ursache dafür gewesen sein. Und so drängt sich eine andere Erklärung in den Vordergrund.

Im Neuen Testament wird öfter darauf hingewiesen, dass Jesus dürstete und ihm Essig gereicht wurde. Warum nicht Wasser? Weil damals Schlafmohn in Essig verabreicht wurde, um eine Bewusstlosigkeit zu erzeugen. Bei Johannes 19,30 steht: „Da Jesus den Essig genommen hatte, sprach er: ‚Es ist vollbracht!' Und neigte das Haupt und verschied." Er wurde ohnmächtig. Alle Zuschauer konnten so annehmen, er sei gestorben.

Joseph von Arimathia, der ein Jünger Jesu war und dem Hohen Rat angehörte, bat Pilatus heimlich aus Angst vor den Juden um den Leichnam Jesu. Was dieser bewilligte. Es konnte also niemand bezeugen, dass Jesus wirklich gestorben war. (Näheres in dem Buch „Der Heilige Gral und seine Erben" von Lincoln, Baigent und Leigh im Gustav-Lübbe-Verlag.)

Die christlichen Kirchen können diese Version natürlich nicht akzeptieren. Andernfalls könnte sie das Glaubensgebäude doch sehr ins Wanken bringen. Denn die Auferstehung von Jesus Christus, ein ganz wesentlicher Aspekt des christlichen Glaubens, fiele weg. Auch würde die menschliche Schuld, die Ursache vom Tode Jesu zu sein, wegfallen und damit ein großer Teil der Macht, die diese Geschichte den Priestern verleiht. Die Menschen könnten aufatmen und ohne ein schlechtes Gewissen freier leben.

In Wirklichkeit kommt es doch nicht auf den Tod Jesu an, sondern auf das, was er gelehrt hat. Auf seine Botschaft für die Kinder Gottes, um diese auf ihre Göttlichkeit aufmerksam zu machen.

Bleiben wir aber noch bei der allgemeinen kirchlichen Sicht, denn wir wollen doch verstehen, warum und wie das selbstständige Denken unterdrückt, manipuliert und in eine vorgegebene Denkrichtung zementiert wurde.

Jesus war also das Opferlamm, das für die Menschheit geopfert wurde. Er ist der Erlöser von der Erbsünde. Dies erforderte die Dankbarkeit der Menschen, bei gleichzeitigem Schuldgefühl ihm gegenüber, weil er für uns gestorben ist.

Diese Version, die gleichzeitig Schuld und Dankbarkeit enthält und sich bestens für Drohungen und Gnadenakte eignet, war und ist eine perfekte Kandare, um Menschen zu gängeln.

Das Papsttum steht nach eigenem Verständnis in der direkten Nachfolge Christi und so glaubten die geweihten Priester, dass sie Sünden vergeben könnten, so wie es Jesus tat. Was nun eine Sünde ist, das legten sie selbst fest. Das führte im Endeffekt dazu, dass es keine Sünde war, sondern als gottgefällig angesehen wurde, wenn im angeblichen Auftrag Gottes – die Vermittler vom Willen Gottes waren ja die Priester – betrogen und gemordet wurde und Kriege geführt wurden.

Die Kirche erfand auch ein perfektes Kontrollsystem: die Ohrenbeichte. Sogar weltliche Herrscher hatten ihren Beichtvater und so musste jeder Christ von Zeit zu Zeit seine innersten Gedanken und Gefühle preisgeben. Die Priester wussten dadurch immer über ihre Schäfchen Bescheid und konnten sie lenken.

Ein weiterer Druck, den die Priester anwendeten, um die Menschen gefügig zu halten, war und ist die Angst vor dem Fegefeuer. Im Mittelalter grassierte der Ablasshandel. Hier wurde der Bevölkerung weisgemacht, dass Nachkommen ihre Vorfahren früher aus dem Fegefeuer befreien könnten, wenn sie einen bestimmten Obolus an die Geistlichkeit entrichteten. Für die Bischöfe war dies eine gute Einnahmequelle und so sendeten sie Werber aus, die moralischen Druck ausübten, damit möglichst viele gemarterte Seelen vom Braten befreit würden. Es galt der Satz: „Wenn das Geld im Kasten klingt, die Seele aus dem Fegefeuer springt." Erst die Reformation, angestoßen durch Martin Luther, machte diesem Treiben ein Ende. Aber nichtsdestotrotz arbeiten auch heute noch viele Priester mit der Drohung vom Fegefeuer, um ihre Kirchenmitglieder zu disziplinieren.

Da das Papsttum sich anmaßte, Gott auf Erden zu vertreten, so fühlten sich die Päpste auch allen Königen und Kaisern überlegen. Sie salbten und krönten im Namen Gottes gegen Pfründe und Ländereien, sofern die Herrscher sich an die von der Kirche vorgegebenen Richtlinien hielten. Diese Richtlinien dienten dazu, die Macht der Kirche allumfassend zu machen. Sie bestimmten das weltliche Leben und das, was gedacht werden durfte. Die Menschen waren verfügbar und durften für Gott und Vaterland darben, schuften und sterben.

Die geistigen und weltlichen Potentaten erfanden den Pomp. Er eignete sich bestens dazu, Menschen zu beeindrucken und in Ehrfurcht zu halten. Untertanen und auch Gegnern wurden durch den Prunk im Auftreten, den Kleidern und dem Bauen von Burgen, Schlössern, Residenzen sowie von Kathedralen und Domen Macht und Bedeutung suggeriert. Gewonnene Kriege wurden durch Siegessäulen und Triumphbögen verherrlicht. Die wenigen Könige, die es heute noch gibt, treten nur noch bei offiziellen Anlässen traditionsgemäß in der alten Pracht auf. Päpste, Patriarchen und Bischöfe dagegen weisen durch Prunk immer noch auf ihre herausragende Stellung hin. Sie betonen damit, dass sie Gottes Stellvertreter sind, und lassen sich gnädig den Ring küssen.

Ist aber dieser Luxus für die „Nachfolger Christi" angebracht?

Die Kirchen weisen doch gerne darauf hin, Jesus sei arm gewesen. Stimmt dies aber? Beziehungsweise, was wird mit dieser Aussage bezweckt?

Die Urkirche sprach hauptsächlich das einfache Volk an, indem sie ihm Hoffnung vermittelte. Da war es besser, wenn der Begründer der Gemeinschaft ebenfalls aus einfachen Verhältnissen stammte. In Wirklichkeit gehörte aber die Familie von Jesus dem Hochadel an, sie war sogar königlichen Geblüts. Diese Stellung zeigte sich auch darin, dass zu der Geburt Jesu drei Könige ihre Aufwartung machten und ihm ein großes Vermögen in Form von Gold, Weihrauch und Myrrhe schenkten. Vater Joseph war selbstständiger Handwerker, für damalige Verhältnisse schon etwas Besonderes, und er konnte es sich leisten, mit seiner Familie mehrere Jahre in Ägypten zu leben. Jesus wurde zwar in einem Stall geboren, aber doch nur, weil durch die Volkszählung viele Menschen unterwegs waren und dadurch in den Herbergen kein Platz mehr zur Verfügung stand. Joseph hätte ohne Weiteres die Unterkunft bezahlen können. Auch die Jünger Jesu waren zum Teil gut gestellt. Petrus zum Beispiel war nach heutigen Begriffen Unternehmer. Er besaß mehrere Fischerboote und Knechte, die für ihn arbeiteten. Jesus selbst war Rabbi und verkehrte in den wohlhabenden Kreisen der Bevölkerung. Wenn er als Wanderprediger unterwegs war, so hatte er natürlich auch Kontakt zum einfachen Volk. Er war eben für alle Menschen Ansprechpartner, gleichgültig, ob arm oder reich, krank oder gesund, gefangen oder frei. Seine Botschaft, dass alle Menschen Kinder Gottes sind, dass sie, wie er, schöpferisch wirken können, sofern sie nur daran glauben, war für jeden Menschen gedacht.

Diese jahrtausendelange Gängelung und Knechtschaft hat die Menschen geprägt und sich im Unterbewusstsein festgesetzt.

Im 18. Jahrhundert begann dann die Aufklärung. Die Menschen revoltierten in Gedanken und auch mit Gewalt gegen ihre geistigen und weltlichen Machthaber. Es nützte am Anfang zwar noch nicht viel, da die neuen Obrigkeiten mit den alten Methoden herrschten. Aber die Gedanken von Freiheit, Gleichheit, Brüderlichkeit und Toleranz aus der Antike waren wiederentdeckt worden. Männer mit den gleichen Idealen schlossen sich zu Bünden zusammen und so entstand unter anderem auch die Freimaurerei. In ihren Logen (Versammlungen) waren alle Mitglieder gleich, hier kam es nicht auf gesellschaftlichen Stand oder Reichtum an, sondern allein auf die Wertschätzung, die sich jemand erworben hatte. Hier saßen Handwerker neben Adligen, Angestellte neben Chefs, hier wurde die Idee der Demokratie praktiziert. Durch eine freie, aber geheime Wahl wurden für eine bestimmte Zeit der Meister vom Stuhl (Vorsitzende) sowie seine Beamten (Vorstandsmitglieder) gewählt.

Mannheim ist die Stadt, in der die erste deutsche Freimaurerloge gegründet wurde. Graf Albrecht Wolfgang von Schaumburg-Lippe, der als Gesandter des englischen Königshauses in Mannheim am Hofe des Kurfürsten Carl Philipp weilte, installierte diese erste Freimaurerloge im Jahre 1727 und konstituierte sie ein Jahr später. Als erster „Meister vom Stuhl" wurde der Kunstmaler Bruder Gotreu gewählt. Der Graf war aufgrund konfessioneller Gegensätze mit seinem Vater nach England gegangen und hatte sich in London der „Society of Masons" angeschlossen. Er hatte erkannt, dass die Idee der Toleranz und Humanität des Freimaurerbundes eine einmalige Möglichkeit bot, die kirchlichen und sozialen Klüfte zu überbrücken. Des Weiteren gab die Bruderschaft in ihrer sinnreichen Form die Voraussetzung dazu, dass sich Menschen unterschiedlichen Standes und mit verschiedenen Ansichten auf gleicher Ebene begegnen konnten.

 Der protestantische Graf von Schaumburg-Lippe war am katholischen Hofe des Kurfürsten Carl Philipp erfolgreich für die Akzeptanz zwischen den Konfessionen eingetreten. Er hatte getreu der aus England stammenden „alten Pflichten der Freimaurerei" versucht, mit Toleranz und Humanität Gegensätze zu überwinden.

Der Graf übernahm 1728 durch Erbfolge den Thron seines Vaters und damit auch die Regierungsgewalt des Landes Hannover. Er war der erste Souverän, der einer Freimaurerloge angehörte, und half entscheidend mit, die Freimaurerei auszubreiten. Er wirkte bei der Aufnahme des Herzogs Franz Stephan von Lothringen, des späteren deutschen Kaisers, mit und vermittelte die Aufnahme des Kronprinzen von Preußen, des späteren Friedrich des Großen, in den Freimaurerbund.

Am Anfang der Freimaurerei war es von großem Vorteil, wenn Regierende mit den Ideen von Toleranz und Humanität in Verbindung gebracht werden konnten, sie erfuhren so, dass Untergebene auch denkende Menschen waren und nicht nur verfügbare Geknechtete.

Dies zeigt sich darin, dass zum Beispiel der Jesuitenpater Franz Seedorf, Erzieher, Beichtvater und Gewissensrat des Kurfürsten Carl Theodor, Mitglied der Mannheimer Freimaurerloge „Carl zur Eintracht" war. Der Großherzog von Baden, Karl Friedrich, 1728 bis 1811, war Freimaurer und der erste deutsche Fürst, der die Leibeigenschaft abschaffte. Friedrich der Große, ebenfalls Freimaurer, unterwarf sich einem Gerichtsurteil, in dem ein Bürger obsiegte. Die freimaurerische Idee der Menschenrechte war auch bei den Herrschenden angekommen, es gab zwar noch viele Stockungen, aber der Anfang war gemacht. Die amerikanische Verfassung ist weitestgehend freimaurerischen Ursprungs, genauso, wie am deutschen Grundgesetz Freimaurer mitgewirkt haben. Die „Menschenwürde" breitete sich langsam in den Köpfen aus, obwohl, wie wir wissen, immer wieder Rückschläge entstanden sind.

Die Freimaurerei ist wegen ihrer Grundhaltung zur Toleranz, zu freiheitlichem Denken, zur Meinungsfreiheit und Brüderlichkeit allen Menschen gegenüber bei allen Diktaturen, Hierarchien und allein selig machenden Vereinigungen nicht gerne gesehen. Das heißt, Freimaurer werden dort oft verleumdet, um ihre Integrität zu untergraben, die Freimaurerei wird verboten, ihre Mitglieder verfolgt.

Ein typisches Beispiel ist die katholische Kirche. Am Anfang der Freimaurerei waren deren Ideen von Freiheit und Humanismus für viele Menschen, wie auch für so machen hohen Geistlichen, faszinierend und so wurden einige auch neben ihren kirchlichen Ämtern Freimaurer. Hier einige Beispiele: Der Jesuitenpater Franz Seedorf, Erzieher, Beichtvater und Gewissensrat des Kurfürsten Carl Theodor, war Mitglied der Mannheimer Loge „Carl zur Eintracht". Der Reichsfreiherr

Doktor Karl Theodor von Dalberg, 1744 in Mannheim geboren, war Kurfürst von Mainz, Erzherzog von Frankfurt, Erzbischof von Regensburg und Bischof von Mainz und Konstanz sowie Meister vom Stuhl der Freimaurerloge „Johannes zur Bruderliebe" in Worms. Er schrieb selbst ein Maurerlied „Lasset uns, ihr Brüder, Weisheit erhöhen". Im Kloster Melk, an der Donau gelegen, waren der Abt sowie seine Mönche Freimaurer und so weiter.

Dem Vatikan konnte dies aber nicht recht sein, wenn Toleranz, auch Andersgläubigen gegenüber, und selbstständiges Denken und Hinterfragen von Dogmen sogar in die eigenen Reihen einzog. Kurzerhand wurde für alle Katholiken die Mitgliedschaft im Freimaurerbund bei Strafe der Exkommunikation verboten. Papsttreue Fürsten, die sich ebenfalls um einen Machtverlust sorgten, schlossen sich dieser Kampagne an und so existierte die Freimaurerei hauptsächlich in den protestantischen Ländern weiter. Heutzutage gibt es weltweit mehrere Millionen Freimaurer, die sich durch eine Weltbruderkette untereinander verbunden fühlen.

Auch die Demokratie war angetreten, den Menschen Freiheit und Selbstbestimmung zu geben. Aber nur allzu oft wird auch hier Machtpolitik betrieben und die Meinungsfreiheit unterdrückt. Demokratisch gewählte Regierungen verstoßen gegen die Menschenrechte, wenn dies angeblich zum Nutzen der Nation ist. Kriege werden geführt, angeblich, um Menschen zu befreien. Attentate verübt, angeblich für Freiheit und Gerechtigkeit. Morde begangen, angeblich im Auftrag Gottes. Menschen, die Einfluss haben, nutzen dies oft für ihre eigenen Zwecke, auch wenn sie dabei andere Menschen schädigen. Dabei ist es gleichgültig, ob sie Gewerkschaftler, Manager oder Politiker sind.

Hans Herbert von Arnim, Verfassungsrechtler an der Hochschule in Speyer, geißelte die politische Welt in einem Zeitungsartikel, der am 29.06.2008 in der „Rheinpfalz" erschien: „Der Staat als Beute. – Gewaltenteilung soll Machtmissbrauch verhindern. Doch allzu oft suchen die zu Kontrollierenden ihre Kontrolleure selbst aus und Wähler dürfen nur noch zum Abnicken an die Urne. Hinter der Fassade schöner Worte existiert eine politische Welt, in der nicht Gemeinnutz, sondern Eigennutz vorherrscht. Ab und zu reißt der Schleier auf und gibt den Blick auf die ansonsten wohlgehütete hintergründige Seite der Politik frei. Besonders, wenn politische Skandale aufgedeckt werden. Ein Bollwerk gegen Machtmissbrauch sollte die Gewaltenteilung sein. Doch in der parlamentarischen Demokratie unserer Republik unterlaufen die politischen Parteien auch dieses Prinzip. Das sieht man zum Beispiel daran, dass die Spitzen der Exekutive, die Minister und Parlamentarischen Staatssekretäre, ja, selbst die Regierungschefs, regelmäßig auch Sitz und Stimme im Parlament haben, also quasi sich selbst kontrollieren müssen. Wie soll das gehen? … Doch das Dilemma besteht darin, dass die Kontrollierten ihre Kontrolleure selbst auswählen und dabei häufig Personen bevorzugen, die ihnen nicht wirklich wehtun. Die Besetzung hoher Gerichte, vor allem der Verfassungsgerichte, und der Spitzen der Rechnungshöfe pflegen die Parteien ebenso unter sich auszumachen wie die Posten in öffentlich-rechtlichen Medien und Sachverständigengremien. Auch der öffentliche Dienst wird zunehmend durch Ämterpatronate parteipolitisiert, wenn solche ‚Gleichschaltungsversuche' zum Glück auch noch nicht immer erfolgreich sind." So weit Professor von Arnim.

Nach dieser ausführlichen Exkursion in die Mechanismen, wie weltweit Menschen Menschen manipulie-

ren, müssen diejenigen, die mit der Signatur arbeiten wollen, sich als Erstes von der Selbsthypnose befreien, die ihnen von anderen aufoktroyiert wurde und die sie in Abhängigkeit hält.

Sicher ist es oftmals sehr bequem, wenn ein Führer da ist, der den Weg vorgibt, der sagt, wie und was gedacht werden soll, und der die Verantwortung trägt. Bequem, aber gefährlich! Erstens: Es gibt so keine Weiterentwicklung für den Einzelnen. Zweitens: Es entsteht eine Abhängigkeit von dem Führer. Drittens: Aus der Geschichte wissen wir, dass so Diktatoren entstehen, die letztendlich die ihnen Vertrauenden in die Katastrophe führen.

4. Selbstbestimmung

Um die Signatur – Rückkoppelung – Widerspiegelung richtig zu verstehen, müssen wir uns auch mit der Frage beschäftigen, die immer dann gestellt wird, wenn uns ein Schicksalsschlag getroffen hat:

„Warum lässt Gott das zu?"

Hierzu hat sich der Mensch verschiedene Erklärungen zurechtgelegt. Zum Beispiel beim Tod eines Angehörigen oder Freundes: Gott holt diejenigen zu sich, die er liebt. Gott schickt eine Prüfung. Gott straft für eine Sünde. Gott züchtigt und zerbricht die Seelen, um sie für den Himmel aufzubereiten. Oder auch, es war ein Zufall ohne jeden Hintergrund.

Nach dem ersten Schöpfungsbericht schuf Gott uns zu seinem Ebenbild! Er gab uns damit Selbstständigkeit, Göttlichkeit und die Kraft, ebenfalls zu erschaffen. Durch unser Denken und Handeln erschaffen wir unser eigenes Schicksal! Gott greift nicht ein, denn er gab uns ja Freiheit und Eigenständigkeit. Wir müssen uns bewusst werden, dass das, was wir denken, wünschen, hoffen, glauben, aber auch befürchten, sich jetzt oder später verwirklicht und real wird, dabei ist es gleichgültig, ob unser Denken bewusst oder unbewusst ist, positiv oder negativ, arbeitet.

Aus welchem Grund ein Mensch in eine bestimmte Situation hineingeboren worden ist, versuchen hauptsächlich die östlichen Religionen zu erklären. Wir wollen uns nur mit der Möglichkeit befassen, wie eine solche Lage zu ändern ist.

Nicht fähig dazu sind am Denken behinderte Menschen, sie werden keine Möglichkeit haben, ihr eigenes Schicksal selbst zu bestimmen. Aber Pflegende und für sie Sorgende können durch ihre fürsorglichen Gedanken positive Energien auf sich und ihre Schutzbefohlenen ziehen.

Menschen dagegen, die fähig sind, selbstständig zu denken, sind auch in der Lage, sich selbst durch richtiges Denken aus schlimmen und unangenehmen Situationen zu befreien, sofern sie um die Wirkungsweise der SRW wissen. Not, Elend und Krankheit könnten durch den Willen zum Besseren überwunden werden.

Angenommen, ein Mensch lebt in einem Slum, im Chaos, im Schmutz und mit Hunger. Wenn er sein Schicksal annimmt und sich selbst als unterprivilegiert wahrnimmt, so geschieht Folgendes: Er weiß um seinen Zustand, sein Unterbewusstsein und sein Wille sind auf sein Leben, auch Überleben, im Slum eingerichtet. Diese Gedanken werden verstärkt reflektiert, erfüllen sich und er bleibt, was er ist, ein Slumbewohner. Wenn er jedoch den festen Glauben hat und nicht zweifelt, aus dieser Lage herauszukommen, dann werden auch diese Gedanken sich realisieren.

Genauso ist es mit Krankheiten. Akzeptiert ein Mensch, dass er krank ist, dann wird er es nach dem Gesetz der SRW auch bleiben. Befürchtet er eine Ansteckung, so wird er sich eine einfangen. Kämpft er gegen die Krankheit, so ist sein unbewusster Wunsch der Kampf, der wird ihm erfüllt und er darf weiterkämpfen. Diesen Kampf kann er aber nur in den seltensten Fällen gewinnen, denn irgendwann kann der Körper nicht mehr kämpfen und dann heißt es: „Gekämpft und doch verloren." Die Lösung ist, die Gedanken dürfen niemals auf die Krankheit gerichtet sein! Der Begriff „Krankheit" darf nicht

auftauchen. Die Gedanken müssen ausschließlich auf die Gesundheit fixiert werden und wenn dann der Glaube an die Gesundung hinzukommt, dann wird die Gesundheit real. Dabei können natürlich Ärzte und Medikamente sehr hilfreich sein, nicht nur, dass sie die Krankheit bekämpfen, sondern auch, dass sie den Glauben an die Gesundung stärken. Jesus sagte bei seinen Heilungen immer: „Dein Glaube hat dir geholfen."

Wir selbst sind die Gestalter unseres ureigenen Schicksals und damit auch dafür verantwortlich. Sollte es uns nicht gut gehen, so müssen wir die Ursache bei uns selbst suchen und nicht bei anderen.

Diese Eigenverantwortung ist nicht leicht zu akzeptieren, denn es ist doch so viel bequemer, jede Verantwortung von sich wegzuschieben und die Ursachen für Versagen, Misserfolg, Not und Krankheit der Umwelt, bösen Menschen oder dem blind waltenden Zufall anzulasten. Genauso unterdrückt der Glaube an ein vorbestimmtes und festgelegtes Schicksal jedes eigene Bemühen um eine Änderung.

Menschen, die ihre Selbstbestimmung nicht wahrhaben wollen, reagieren besonders empfindlich, wenn sie damit konfrontiert werden, dass jeder über sein Wohlergehen oder seine Krankheit, über sein Vermögen oder seine Armut selbst entscheidet. Sie verteidigen sich dann sofort mit Worten wie: Das zu sagen, sei zynisch.

Dabei ist es doch deprimierend, nicht zu fassen und eines denkenden Menschen unwürdig, wenn göttliches Potenzial so verspielt wird und brach liegen bleibt. Dabei gibt es seit alters her Hinweise, die die Erlösung bringen könnten.

Es gab immer wieder Menschen, die unbewusst die SRW anwendeten und dadurch Erfolge im Leben hatten. Aufgrund ihrer positiven Geisteshaltung zogen sie gute Kräfte an, die ihnen den Weg ebneten.

Wir wollen uns nun Menschen zuwenden, die das Gesetz der Signatur – Rückkoppelung – Widerspiegelung anwendeten und uns als Vorbilder dienen können. Es ist immer von Vorteil, wenn es Beispiele aus dem Leben gibt, sie ermöglichen es uns, leichter zu glauben. Denn der Glaube oder die Gewissheit, dass sich das Erwünschte auch verwirklicht und in die Realität kommt, ist absolute Voraussetzung für ein Gelingen. Dieser feste Glaube wird uns durch unsere Erziehung, Umwelt und Geschichte sehr schwer gemacht. Wie oft schleicht sich doch vom Unterbewusstsein her ein leichtes Misstrauen ein, Zweifel kommen auf, ob denn dies alles nicht vielleicht nur ein Hirngespinst ist, ob wir eventuell auf Fantastereien hereinfallen? Mitnichten, nur der Glaube und die Gewissheit veranlassen, dass sich das Gewünschte oder Erbetene auch realisiert.

Von der SRW aus gesehen gibt es zwei Arten von Erglauben:

Erstens:
Der Glaube an eine begreifbare, höhere Instanz, an Gottvater, an diverse Gottheiten, an Engel, an Gaia, die Mutter Erde, an das Universum und so weiter erleichtert die Anwendung der SRW. Es sind Wesenheiten, unter denen der Mensch sich etwas vorstellen kann, zu denen er eine persönliche Beziehung herzustellen vermag und die, nach seiner Meinung, vorgebrachte Bitten erfüllen können.

Zweitens:

Der Glaube, dass ich selbst gedanklich so stark bin, um schöpferisch tätig sein zu können. Das heißt, ich muss überzeugt sein, dass die Universalenergie in mir ist und ich sie benutzen kann. Dieser Glaube muss felsenfest sein und eignet sich nur für Fortgeschrittene.

Als Kind wurde uns schon beigebracht, zu beten. Im Gebet werden Sorgen und Nöte, aber auch Wünsche Gottvater vorgetragen mit der Hoffnung auf Hilfe. Kommt nun der Glaube hinzu, dass das Erbetene sich auch erfüllt, so wird es sich erfüllen!

Jesus sagte hierzu, wie in Matthäus 21,22 berichtet wird: „Um alles, was ihr bittet im Gebet, so ihr glaubet, werdet ihr's empfangen." Und in Markus 11,24 heißt es: „Darum sage ich euch, alles, was ihr bittet in eurem Gebet, glaubt nur, dass ihr's empfangen werdet, so wird's euch werden." Auch in Johannes 15,7 steht: „So ihr in mir bleibet und meine Worte in euch bleiben (Glaube), werdet ihr bitten, was ihr wollt, und es wird euch widerfahren."

Jesus weist immer wieder darauf hin, dass der Glaube an die Verwirklichung eines Wunsches oder einer Bitte das Wichtigste ist. Nicht nur beim Heilen, wobei er jedes Mal sagte: „Dein Glaube hat dir geholfen", sondern auch beim Erbitten von materiellen Dingen.

In der Bergpredigt, Matthäus 6,31–33, erklärt er: „Darum sollt ihr nicht sorgen und sagen: Was werden wir essen? Was werden wir trinken? Womit werden wir uns kleiden? – Nach solchem allem trachten die Heiden, denn euer himmlischer Vater weiß, dass ihr dies alles bedürft. – Trachtet am Ersten nach dem Reich Gottes und nach seiner Gerechtigkeit, so wird euch solches alles zufallen." Weiter, 7,7–11: „Bittet, so wird euch gegeben, suchet, so werdet ihr finden, klopfet an, so wird euch aufgetan. Denn wer da bittet, der empfängt, und wer da sucht, der findet, und wer da anklopft, dem wird aufgetan. – Welcher ist unter euch Menschen, so ihn sein Sohn bittet ums Brot, der ihm einen Stein biete? – Oder so er ihn bittet um einen Fisch, der ihm eine Schlange biete? – So denn ihr, die ihr doch arg seid, könnt dennoch euren Kindern gute Gaben geben, wie viel mehr wird euer Vater im Himmel Gutes geben denen, die ihn bitten."

Jesus versuchte ständig, das Gesetz der Signatur – Rückkoppelung – Widerspiegelung zu erklären, vor allem, da er es selbst anwendete, wie zum Beispiel auf der Hochzeit zu Kana, Johannes 2,1–10. Er erfuhr, dass der Wein ausgegangen war, daraufhin ließ er sechs steinerne Krüge mit Wasser füllen. Er wünschte und glaubte daran (sonst

hätte er es nicht angeordnet), dass aus dem Wasser Wein würde. Sein Erglauben erfüllte sich, aus dem Wasser war Wein geworden.

Ganz deutlich wird in Matthäus 14, 24–32 dargestellt, dass der Glaube absolut fest sein muss und sich nicht der kleinste Zweifel einschleichen darf, wie zum Beispiel, der Wunsch könnte sich vielleicht doch nicht erfüllen, das Erglaubte könnte nicht von Bestand sein, Materie könnte zu labil sein und sich wieder auflösen. „Das Schiff war schon mitten auf dem Meer und litt Not von den Wellen, denn der Wind war ihnen zuwider. Aber in der vierten Nachtwache kam Jesus zu ihnen und er ging auf dem Meer. Und da ihn die Jünger sahen auf dem Meer gehen, erschraken sie und sprachen: ‚Es ist ein Gespenst!‘ Und schrien vor Furcht. Aber alsbald redete Jesus mit ihnen und sprach: ‚Seid getrost, ich bin’s, fürchtet euch nicht!‘ Petrus aber antwortete ihm und sprach: ‚Herr, bist du es, so heiß mich zu dir kommen auf dem Wasser.‘ Und Jesus sprach: ‚Komm her!‘ Und Petrus trat aus dem Schiff und ging auf dem Wasser, dass er zu Jesus käme. Er sah aber einen starken Wind, da erschrak er und hub an zu sinken, schrie und sprach: ‚Herr, hilf mir!‘ Jesus aber reckte alsbald die Hand aus und ergriff ihn und sprach zu ihm: ‚O du Kleingläubiger, warum zweifelst du?‘ Und sie traten in das Schiff und der Wind legte sich.“

Jesus machte in Matthäus 7,1–2 auch darauf aufmerksam, dass Gedanken, die bewusst oder unbewusst ausgesendet werden (SRW), unwiderstehlich zum Aussendenden zurückgestrahlt werden. Er sagt: „Richtet nicht, auf dass ihr nicht gerichtet werdet, und mit welcherlei Maß ihr messet, wird euch gemessen werden."

Sogar die unmögliche Geschichte von Hiob, in der Gott mit dem Teufel wettet, deutet auf das okkulte Wirken der SRW hin. Wenn die Sache mit der Wette weggelassen wird, dann hat Hiob, nachdem er seinen ersten Schicksalsschlag erlitten hatte, durch seinen negativen Glauben, Gott strafe ihn für irgendetwas, sein Unglück durch sein Denken herbeigezogen. Erst als er Buße für diese Gedanken tut und damit dokumentiert, dass er an Hilfe glaubt, wird ihm alles wiedergegeben.

Zum Schluss der Bibelbetrachtung über das Wirken der Signatur – Rückkoppelung – Widerspiegelung noch einige wichtige Worte von Jesus, so wie sie durch Johannes 14, 11–13 überliefert worden sind: „Glaubet mir, dass ich im Vater und der Vater in mir ist; wo nicht, so glaubet mir doch um der Werke willen. – Wahrlich, wahrlich, ich sage euch: Wer an mich glaubt, der wird die Werke auch tun, die ich tue, und wird größere denn diese tun; denn ich gehe zum Vater. – Und was ihr bitten werdet in meinem Namen, das will ich tun, auf dass der Vater geehrt werde in seinem Sohn."

Die Apostel, als die ersten Nachfolger Christi, wussten noch um ihre Gotteskindschaft und verstanden auch noch die Gesetze der SRW Wellen anzuwenden. Sie taten noch „Wunder". Jesus hatte ihnen das Erglauben in Wort und Tat vorgelebt.

Bereits beim Konzil von Konstantinopel wurde klar, dass die Führer der Christenheit Jesu Worte vom Erglauben nicht mehr in die Realität umsetzen konnten. Christi

Nachfolgeschaft war verspielt worden. Da die amtierenden Bischöfe nicht mehr im Sinne Jesu Christi wirken konnten und andere Menschen es im Hinblick auf deren Autorität nicht durften, so wurde die Bibel manipuliert. Die klaren und eindeutigen Worte Jesu wurden als nicht allgemein verbindlich interpretiert und ins Symbolhafte verwiesen. Es kam später sogar so weit, dass Menschen, die im ursprünglichen Sinne Christi dachten, als Ketzer und Gotteslästerer verfolgt und auch hingerichtet wurden.

Jesus geißelte solches Verhalten schon zu seinen Lebzeiten. In seiner sogenannten Strafpredigt sagte er laut Lukas 11,52: „Wehe euch Schriftgelehrten! Dass ihr habt den Schlüssel der Erkenntnis weggenommen, ihr kommt nicht hinein und wehret denen, die hineinwollen."

Trotzdem gab es immer wieder Menschen, die unter Lebensgefahr über ihre Göttlichkeit berichteten und diese auch lebten.

Pelagius, Asket und Laienmönch, gründete etwa um das Jahr 384 n. Chr. den Pelagianismus. Eine Lehre, die im Gegensatz zu Augustinus die Erbsünde ablehnte. – Der Mensch habe die sittliche Freiheit zum Guten wie zum Bösen. Die Sünde sei immer nur eine einzelne Tat und der Mensch könne durch eigene Bemühung zum Heile gelangen. – Pelagius wurde verfolgt, abgeurteilt und verbannt.

Meister Eckhart, Ritter von Hochheim, geboren etwa 1260 in der Gegend von Gotha. Er war Dominikanermönch, Ordensprovinzial für Deutschland, Leiter der theologischen Schule in Straßburg und später Lehramtsleiter der Dogmatik an der Kölner Hochschule, das höchste Amt, das der Orden vergeben konnte. Er predigte unter anderem: „Gott hat die Seele in freie Selbstbe-

stimmung eingesetzt, sodass er ihr über ihren freien Willen hinweg nichts antun noch ihr etwas zumuten will, was sie nicht will. Was sie also in diesem Leib mit freiem Willen erwählt, darin vermag sie wohl zu bestehen." –
„Soll ich Gott so ohne Vermittlung erkennen, da muss ich ja gerade er und er ich werden! Eben das meine ich ja gerade. Gott muss gerade zu ich werden, so ganz eins, dass dieses Er und dieses Ich eins werden und bleiben und ‚als das reine Sein' selber in Ewigkeit desselben Werkes walten."

„Wie also gelangen wir zu dieser Einswerdung und Vollendung?"

„Dies geht so zu: Gott ist, was er ist; und wie er ist, das ist auch mein; und was mein ist, das liebe ich; und was ich liebe, das liebt mich wieder und zieht mich in sich; und was mich in sich gezogen hat, das bin ich mehr als ich selbst. Also lieben müsst ihr Gott, dann werdet ihr auch Gott mit Gott."

„Alles, was Gott wirkt, ist eins: Darum gebiert er mich als seinen Sohn, ohne dass eine Scheidung einträte. Mein leiblicher Vater ist mein Vater nur mit einem kleinen Teil seiner Natur und ich bin von ihm geschieden: Er kann tot sein und ich lebe, der himmlische Vater hingegen ist gänzlich mein Vater: Weil ich sein bin und alles, was ich besitze, von ihm habe und weil ich als Sohn derselbe bin wie er und nicht ein anderer."

„Wir tragen den Samen Gottes in uns:
Birnenkerne werden zu Birnen,
Haselnüsse werden zu Haselnusssträuchern,
Birkensamen werden zu Birken,
Gottessamen zu Gott.
Ihr seid allzumal Götter, entgegenschreitend
dem Tag eurer Selbstverwirklichung."

Meister Eckharts Glaubensbekenntnis: „Ich glaube an die Geburt Gottes in mir, durch die ich selbst zu Gott in Gott verwandelt werde. An die unaufhörliche Hilfe von innen, die jeden umwelt- und schicksalsüberlegen macht, der, seinem inneren Gott-Freund folgend, wagewillig seinen Weg geht und siegesgewiss sich selbst hilft. Ich glaube an die innere Kraft, die, Gott entsprungen, mich befähigt, das Unmögliche zu wagen und das Gute zu mehren, dem Bösen zu wehren und das Leben zu meistern, und an die Freiheit des Willens und meine Selbstverantwortung für all mein Denken und Tun und für mein Geschick und an meine Gott-Geborgenheit – was immer ich auch wage und wo immer ich den Kampf des Lebens kämpfe."

Meister Eckharts Gedanken entsprechen den Gesetzen der SRW. Er sah den Menschen mündig und eigenverantwortlich und fähig, sich seiner Gotteskindschaft bewusst zu werden.

Solche öffentlichen Predigten waren den kirchlichen Oberen natürlich ein Dorn im Auge. Sie sahen in seinen Aussagen, Gott sei auch ohne die Vermittlung eines Priesters zu verwirklichen, einen Angriff auf ihre Machtposition, genau wie in seiner Behauptung, er sei, wie jeder Mensch auch, göttlich, ein Sakrileg und eine Gotteslästerung.

Meister Eckharts Schüler wurden, wenn sie diese Ansichten auch vertraten, verfolgt und getötet. An ihn, als ranghöchsten Dominikaner, konnten die Bischöfe aber nicht so ohne Weiteres herankommen und so verschwand er spurlos während einer Reise nach Rom, wo er vor dem Papst seine Thesen verteidigen wollte.

(Nachzulesen in dem Buch von K.O. Schmidt, „Der Weg zum Gott-Erleben", neuerdings: „Meister Eckharts

Weg zum kosmischen Bewusstsein", erschienen im Drei-Eichen-Verlag.)

Zwei Jahre nach dem Verschwinden von Eckhart erließ Papst Johannes XXII., am 02.03.1329, eine Bannbulle gegen seine Schriften. Wie aber der katholische Eckhart-Forscher Otto Karrer einräumte, wurden dabei von der Kommission in entscheidenden Punkten schwerwiegende Entstellungen vorgenommen, die den Sinn durchaus verdrehten.

Etwa einhundert Jahre lang kursierten Meister Eckharts Gedanken noch in der Bevölkerung, er hatte seine Predigten meistens in Deutsch gehalten, dann erst war es der Kirche gelungen, diese Flamme der Selbstverwirklichung und Eigenständigkeit zu ersticken.

5. Glaube

Auch heutzutage gibt es „Wunderheilungen". Votivtafeln in Lourdes, Fatima, Czenstochau und in vielen Wallfahrtskirchen zeugen hiervon. In der katholischen Kirche arbeitet eine Kommission, die prüft, ob eine sogenannte Wunderheilung auch als solche der Wirklichkeit standhalten kann und damit offiziell anerkannt wird. Voraussetzung ist, dass ein von Ärzten vorher als unheilbar diagnostiziertes Leiden in Gesundheit umgewandelt wurde.

Auch hier sind die Gedanken des Kranken die eigentliche Ursache der Heilung!

Kranke Menschen, die meist schon von ihren Ärzten aufgegeben worden sind, klammern sich oft an die Hoffnung, eine Wallfahrt an einen heiligen Ort, das Bad in einer heiligen Quelle, das Beten zu einem Gnadenbild könnte ihnen helfen. Es wird ihnen aber nicht helfen. Nur ihr sicherer Glaube, dass sie in diesem Moment geheilt werden, wird ihnen die Gesundheit geben. Positive Gebete können sehr hilfreich sein, denn sie geben dem Erglauben die nötige Gewissheit. Christus sagte ja bei jeder Heilung: „Dein Glaube hat dir geholfen."

Hoffnung bleibt immer Zukunft! Hoffnung kann sich nie erfüllen! Denkt ein Mensch an Hoffnung, so wird sein Wunsch erfüllt, er erhält Hoffnung, aber keine Verwirklichung. Die Wunscherfüllung ist nie hoffentlich, sie ist immer spontan da, auch wenn sie für uns nicht sofort sicht- oder spürbar ist.

In den Jahren 1950 trat in Oberbayern der „Wunderheiler" Gröning auf. Er zog zu seinen unter freiem Himmel stattfindenden Veranstaltungen Tausende Menschen an, verstärkte durch seine Predigten ihren Glauben an eine sofortige Heilung, sodass tatsächlich einige spontan gesundeten.

In Amerika finden sogenannte Heilungsgottesdienste statt. In ihnen versuchen Prediger, die Besucher in eine Ekstase zu versetzen und ihnen dabei glaubhaft zu machen, sie seien an Geist und Körper gesund.

Mit Placebos, den Pillen ohne jeden Wirkstoff, ist es ähnlich. Allein der Glaube, dass sie helfen, bewirkt ihre Hilfe. Im Prinzip bewirkt jeder Arzt, der Vertrauen ausstrahlt, und jedes gläubig eingenommene Medikament, dass sich die Selbstheilungskräfte ans Werk machen und Erfolg haben.

Was der Glaube bewirken kann, beweist auch der „Feuerlauf". Hier werden die Teilnehmer durch Meditation und Yoga darauf vorbereitet, barfuß über glühende Kohlen zu gehen, ohne sich dabei die Füße zu verbrennen. Wenn der Glaube an die Unversehrbarkeit durch die Übungen fest genug geworden ist, so gelingt dies auch, andernfalls gibt es Brandblasen. Diese Feuerläufe werden öfters angeboten und dadurch kann jeder probieren, ob er einen festen Glauben herstellen kann.

6. Erglauben

Eine der bemerkenswertesten Erglaubensrealitäten bewirkte der Orden der Evangelischen Marienschwesternschaft in Darmstadt-Eberstadt im hessischen Deutschland. Mutter M. Basilea Schlink, die Oberin, hat darüber ein Buch verfasst. Sein Titel lautet „*Realitäten* – Gottes Wirken – heute erlebt" und ist im Selbstverlag erschienen (ISBN 978-3-87209-266-3). Es wurden bereits neunzehn Auflagen gedruckt und es ist in fünfundvierzig Sprachen übersetzt worden. Ein echter Bestseller.

Hier einige Auszüge über das Erglauben von Realitäten: Es war im Mai 1949, als Schwester M. Basilea Schlink von Gott den inneren Auftrag erhielt, ihm eine Kapelle zu bauen. Wie sollte das gehen? Die Schwestern, sechsundzwanzig an der Zahl, waren arm wie die Kirchenmäuse und hausten zusammengepfercht mit anderen Bombengeschädigten auf engstem Raum. Auch gab es, so kurz nach dem verheerenden Krieg, keine Chance, ohne Kompensation an Baumaterial zu kommen.

Um eine Bestätigung von Gottes Auftrag zu bekommen, erbaten sie von ihm eine biblische Losung. Sie wurde aus etwa tausend Bibelstellen gezogen und lautete: „So sieh nun zu, denn der Herr hat dich erwählt, dass du ein Haus bauest zum Heiligtum, sei getrost und mache es." (1. Chronika 28,10.)

Hier begann ihr Erglauben.

Die Schwestern schlussfolgerten, wenn Gott eine Kapelle wolle, dann müsse er auch dafür sorgen, dass ein Grundstück für sie bereitstehe, die Baugenehmigung erteilt werde, das benötigte Kapital zusammenkomme und das Baumaterial zur Verfügung stehe. Den Bau selbst wollten sie mit Eigenleistung so viel wie möglich unterstützen und natürlich die nötigen Behördengänge und den Schreibkram erledigen.

Sie trugen diese Gedanken Gott vor und glaubten, dass er das Seinige dazu tun werde. Ihrer regelrechten Forderung nach Gottes Hilfe gaben sie noch Nachdruck, indem sie Gebetsgemeinschaften bildeten, die immer dann besonders aktiv wurden, wenn Situationen eintraten, in denen sie selbst nicht weiterkamen. Die Schwestern handelten nach den Worten Jesu, so wie sie nach Markus 11,24 überliefert sind: „Alles, was ihr bittet in eurem Gebet, glaubt nur, dass ihr's empfangen werdet, so wird's euch werden." In Wirklichkeit verstärkten sie damit ihre gedankliche Ausstrahlung und taten dem Signatur-Rückkoppelungs-Widerspiegelungs-Gesetz Genüge.

Das intensive *Erbitten und Erglauben* machte das Unmögliche doch möglich! Denn bald darauf bekam die Schwesternschaft ein siebentausend Quadratmeter großes Grundstück geschenkt. Aber vom Bauamt erfuhren sie dann, es sei kein Bauland, habe eine schlechte Bodenbeschaffenheit, keine Kanalisation und so würde für dieses Grundstück nie eine Baugenehmigung erteilt werden. Um zu helfen, bot die Stadt Darmstadt einen Tausch an, dieses Grundstück gegen ein Ruinengrundstück, innerhalb der Stadt gelegen. Die Schwestern wollten aber nicht tauschen, denn Gott hatte ihnen ja gerade dieses Grundstück zukommen lassen und so beteten sie zu ihrem Vater im Himmel, wenn er dieses Land der Verheißung gegeben hätte (sie nannten es Kanaan), dass sie darauf bauen durften, ohne Geld zu haben noch von einer Seite Zuschuss erwarten zu können, möge *er* nun ein Wort aus der Heiligen Schrift als Bestätigung geben. Das sollte ihnen Felsengrund sein und ein Schuldschein in ihrer Hand, den sie ihm in allen Nöten vorhalten könnten und den er einlösen müsse. Sie zogen eine Losung, die lautete: „Unsere Hilfe steht im Namen des Herrn, der Himmel und Erde gemacht hat." (Psalm 124,8.)

Sie hatten die Bestätigung, die alles in sich schloss!

Es stellte sich die Beantwortung der Frage: Sollte es für Gott schwerer sein, diese Kapelle und dann auch noch ein Mutterhaus werden zu lassen, als Himmel und Erde zu schaffen? Für einen allmächtigen, großen Gott müsse es leicht sein, einen für ihn so kleinen Bau auszuführen. So störte die Schwestern auch nicht ihr Kassenstand von 30,00 DM, sie hatten erfahren: Gott erhört ein gläubiges Gebet, wenn es ernstlich vorgebracht wird.

Sie beteten und erhielten schließlich doch die Genehmigung, auf diesem Grundstück bauen zu dürfen, und konnten die Baupläne einreichen.

Behördenwege sind lang, die drängenden Schwestern wurden immer wieder vertröstet, sie müssten eben auch warten wie alle anderen. Und so sagte ihnen die Vernunft, dass Warten hier am Platze sei.

Dann aber geschah etwas Interessantes, eine gute Erklärung für die Wirkungsweise der SRW.

Die Schwestern begriffen plötzlich, dass sie mit den Gedanken, Warten sei hier am Platze, gegen Gottes Wirken standen und so sein Handeln behinderten. Sie änderten ihre Gedanken, vertrauten und glaubten an die göttliche Macht und hatten einen Tag später die Baugenehmigung.

Unter den Bauräten hieß es, so etwas sei in Darmstadt seit Bestehen des Bauamtes noch nie vorgekommen, dass eine Baugenehmigung erteilt werde, ohne die fertigen Pläne eingesehen zu haben. Einen Finanzierungsplan konnten die Schwestern auch nicht vorlegen, sie konnten nur beteuern: Gott selbst werde für die Finanzierung sorgen, das heißt, der Vater im Himmel werde, bei einem Kostenvoranschlag von 250 000,– DM, für die fehlenden 249 970,– aufkommen, denn 30,– DM hatten sie ja selbst. Auch bei späteren Bauten wurde die gleiche Art der Finanzierung angegeben und von den Behörden immer akzeptiert.

Eine weitere Geschichte aus dem Buch über das göttliche Wirken: „Unsere Schwestern kamen von der

Trümmerhalde wieder, wo sie mit Erlaubnis der Städtischen Behörden Steine der durch den Bombenangriff zerstörten Häuser aufsammelten. Sie waren verzagt, weil trotz langem Suchen kaum noch ein ganzer Backstein zu finden war, denn die Bauschwestern warteten darauf, dass eine Steinfuhre kommt, damit sie weiter mauern könnten." Was tun? Sie beteten und breiteten vor dem Vater im Himmel diese große Not aus. Sie stellten sich die Brotvermehrung vor, die Christus bewerkstelligt hatte, und waren sicher, dass dem Gebet des Glaubens nichts unmöglich sei und es zu einer „Steinvermehrung" kommen werde. Und tatsächlich, in einer Sitzung der Stadtverwaltung machte ein Mitglied den Vorschlag, den Marienschwestern die Klinkersteine der abgebrannten und abbruchreifen Kaserne zu schenken. Was auch geschah.

Ein weiteres Zitat der Äbtissin: „An Skeptikern, Spöttern und Gegnern unseres jungen Glaubenswerkes fehlte es nie. So sagten Skeptiker, dass unsere Bauweise doch sträflicher Leichtsinn sei, ein Gottversuchen und junge Mädchen in solche Arbeiten einzuspannen, wäre wirklich unverantwortlich. Die Verantwortung für diese schwere Bauarbeit lag aber auch ohne Warnung von Anfang an schwer auf Mutter Martyria und mir. Und dann geschah es! Eine Schwester stürzte auf einer frisch betonierten Decke, brach durch und fiel so unglücklich auf ein Kantholz, dass ein doppelter Beckenbruch die Folge war, wie man nach der Einlieferung ins Krankenhaus durch Röntgenaufnahmen feststellte. – Nach einer Gebetsnacht mit schwersten Anfechtungen rang ich mich zu der Gewissheit durch, dass dieser Unfall nicht gegeben sei, um die Prüfung einer langen Leidenszeit zu bringen, sondern durch eine Heilung zur Verherrlichung Gottes dienen soll. So ging es darum, Gottes Weisung, gehorsam zu sein, und wir nahmen die Schwester heim. Schriftlich musste ich die volle Verantwortung dafür übernehmen, die Schwester, die eigentlich für viele Wochen in den Streckverband gelegt werden sollte, nach zwei Tagen aus dem Krankenhaus heimzuholen. Dabei sagte der behandelnde Oberarzt sehr ernst zu mir: ‚Innere Krankheiten können vielleicht durch Gebete geheilt werden, doch nie sind zerbrochene Knochen auf Gebete hin zusammengewachsen.' Und er warnte mich dringend. Als die Schwester heimgebracht worden war, legten Mutter Martyria und ich ihr unter Gebet die Hände auf, während einige Schwestern rezitierten:

Jesu Nam, du Heilandsnam,
der du heilst all Gebrechen,
Jesus, der als Heiland kam,
um die Krankheitsmacht zu brechen,
Jesu Nam, in dir ist Kraft,
du bist's, der Genesung schafft.

Da stand die kranke Schwester, die sich vorher nicht ohne qualvollste Schmerzen im Bett rühren konnte, auf und konnte wirklich auf ihren Füßen stehen. Unsere Augen schauten wie gebannt auf sie und unsere Herzen beugten sich in Staunen und Anbetung vor dem wunderbaren Tun Gottes. Binnen zwei Wochen war sie vollends geheilt und stellte sich den Ärzten vor, diese Geschichte ging wie ein Lauffeuer durchs Land und machte Gottes Ehre viel größer."

So ging das Bauen weiter mit Heilungen, glimpflich ausgehenden Unfällen, Anlieferung von Material unbekannter und bekannter Spender, Geldgeschenken und alles immer gerade noch rechtzeitig, sodass der Bau nicht ins Stocken geriet. Sogar die Bundesstraße Nr. 3 wurde aufgrund hartnäckiger Gebete umgeleitet.

Zum Abschluss noch eine nette Geschichte vom Erglauben. Mutter Basilea Schlink schreibt: „Die Gesundheit und rechte Ernährung unserer Schwestern lag mir sehr am Herzen. So war es durch Jahre hindurch mein Wunsch und Gebet, dass wir eine Kuh bekämen. Im Februar 1960 konnte endlich der schon lange geplante Stall in Selbsthilfe erbaut werden, groß und einladend für die Kanaan-Kuh. Im Glauben sah ich sie schon in den bald fertigen Stall einziehen, denn es war mir gewiss: Gott macht jedes Erglauben wahr." – Der Stall war fertig und kurze Zeit später wurde den Schwestern eine Kuh geschenkt!

Es entstanden durch das Erglauben das verheißene Land Kanaan, eine große Kapelle für tausend Menschen, das Mutterhaus mit kleiner Kapelle, ein Gästehaus, eine Druckerei, mehrere Wirtschaftsräume, eine kleine Landwirtschaft sowie eine große Parkanlage mit See und Anbetungspunkten.

Die Marienschwestern arbeiten ökumenisch, haben viele Niederlassungen und weltweit Kontakte.

Jeder Mensch kann sich selbst davon überzeugen, was Glaube auch heute noch vermag, und es ist wirklich empfehlenswert, dies zu tun. Die Beweise, für jeden überprüfbar, liegen bei der:

Evangelische(n) Marienschwesternschaft
Heidelberger Landstraße 107
64297 Darmstadt-Eberstadt – Kanaan

Die Marienschwestern wendeten mit ihrem Erglauben der göttlichen Hilfe unbewusst das Naturgesetz der Signatur – Rückkoppelung – Widerspiegelung an, welches besagt, dass jeder ernsthafte Wunsch, wenn der unbeirrbare Glaube an die Erfüllung dahintersteht, auch tatsächlich in Erfüllung geht. Die Macht der Gedanken macht es möglich.

Die Schwestern bezeichnen sich selbst als Fundamentalistinnen. Das heißt, sie begreifen Gott als grausamen Zuchtmeister, der Frauen zerbricht, um sie für seinen Sohn als Bräute, die demütig sind und keinen eigenen Willen mehr haben, aufzubereiten. In ihrem Büchlein „Zielklar ist Gott am Werk" schreibt Basilea Schlink hierzu: „Im Heb. 12,5–6 steht: Mein Sohn, achte nicht gering die Züchtigung des Herrn. Verzage nicht, wenn du von ihm gestraft wirst, denn welchen der Herr lieb hat, den züchtigt er und stäubt einen jeglichen Sohn, den er aufnimmt." Eine Schwester befürchtete sogar, von ihren Qualen befreit zu werden und damit nicht mehr die züchtigende Hand Gottes zu spüren. Die Schwestern glaubten, die Züchtigung durch den Herrn sei die größte Gnade, und so wollten sie gezüchtigt sein. Eine kranke Schwester betete: „Ich gebe mich deiner Züchtigung hin und bitte dich, zerschlage und zerbrich mich und mach mit mir, was du willst, aber gestalte um jeden Preis diese erbarmende Liebe aus mir heraus." – So bat sie. Und Gott tat nach diesem Gebet und schonte sie nicht, besonders in der letzten schweren Zeit, sodass auch an ihr etwas davon wahr wurde: „Ich bin ein Wurm und kein Mensch." – So groß wurden die Qualen und dabei immer härter die Spannung zwischen Glauben und Schauen. – Ja, bevor Jesus sie zu sich heimholen wollte, stäubte er sie als seine Braut und bereitete sie auf dunklen Glaubenswegen zu, in das Bild seiner Schönheit verwandelt zu werden.

Ihre Hingabe drückte sie in einem Gedicht aus:

„Ich will den Weg zu Ende gehn
und immerdar im Leide stehn,
will Gottes Zorn und Nächte.
Das Morgenrot einst leise aufsteigt
und Gottes Herz sich niederneigt,
dann klingen Hochzeitsglocken."

Eine provokatorische Frage sei hier erlaubt: Was soll Jesus mit den vielen zerbrochenen Bräuten?

Diese Gedankengänge widersprechen doch der frohen christlichen Botschaft. Jesus heilt, befreit von Leiden und zeigt uns ständig einen liebenden, verzeihenden Gott, einen Vater, der in seinen Kindern ist. Und dass der Weg zu Gott eben das *Eins*-Werden mit ihm ist und nicht eine Knechtschaft unter ihm. Unser christlicher Gott ist doch ein aufbauender Gott, einer, der liebevoll seine Kinder an die Hand nimmt und sie zu Höherem geleitet, der möchte, dass sie vollkommen werden, so wie er es ist. Wie uns Christus sagt. Gott hat uns als sein Ebenbild erschaffen und wer nicht pfleglich mit diesem Eben-

bild umgeht, es beschädigt oder gar zerstört, versündigt sich an der Schöpfung und wer dieses Ebenbild demütigt, der demütigt durch die Vernetzung alles mit allem auch das Göttliche.

Die Marienschwestern beweisen mit den zwei verschiedenen Richtungen ihres Glaubens, dass es die eigenen gedanklichen Wünsche sind, die sich nach dem neutralen SRW, das kein Gut oder Böse kennt, erfüllen und verwirklichen. Einmal wollten sie Hilfe und Heilung von einem Unfall: Ihr Wunsch wurde erfüllt, sie bekamen die Hilfe. Das andere Mal wollten sie Züchtigung bis zum Tode: Ihr Wunsch wurde auch hier erfüllt, sie bekamen die Züchtigung.

Der selbstzerstörerische Glaube der Schwestern, der sich als Wunsch manifestiert, erfüllt sich, er wird zu einer Bestätigung ihres Glaubens. Diese Bestätigung wiederum stärkt ihren Glauben. Es entsteht ein Kreislauf und es wird so kaum möglich sein, sie von ihrem Irrglauben zu befreien.

Dabei wäre es so einfach: Sie müssten ihre Gedanken nur auf die Liebe, Güte und Barmherzigkeit ihres himmlischen Vaters richten, so würden sie diese auch erhalten und sie müssten nicht leiden.

7. Evolution

Jeder vernünftige Mensch weiß heute, dass die Schöpfung der Erde, des ganzen Universums sowie aller Lebewesen einschließlich des Menschen, so wie sie die Bibel beschreibt, nicht stattgefunden hat. Die Beweise für die Evolution sind absolut stichhaltig, die einzelnen Schritte der Entwicklung sind lückenlos vorhanden, lediglich die Ursache ist noch nicht erkannt. Ignoranten der Evolution, vor allem aus fundamentalistischen Kreisen, sind darum wirklich nicht ernst zu nehmen. Auch Erklärungen wie: „Die Evolution, ja, aber der Mensch ist doch etwas Besonderes, er entwickelte sich nicht durch Evolution, er wurde unabhängig davon erschaffen", sind nicht stichhaltig.

Wenn wir Gott definieren wollen, so haben wir damit unsere Schwierigkeiten. Einen Vatergott mit wallendem Haupthaar und mächtigem Bart haben wir bereits ad acta gelegt. Mit unseren Überlegungen unter Hinzuziehung der Weisheit anderer Religionen landen wir immer wieder bei einer bewusst wirkenden Energie.

Alles ist Energie, die ganze Schöpfung ist in ihrer vielfältigsten Form Energie. Energie verändert sich, aber sie verbraucht sich nicht. Energie war immer und wird immer sein. All dies sind im weitesten Sinne göttliche Attribute.

Darum dürfte es für Gottesgläubige eigentlich kein Problem sein, die Evolution zu begreifen und zu akzeptieren. Gott hat sie in die Realität gebracht und steuert sie durch die ihr innewohnende Lebenskraft. Es ist das göttliche Bewusstsein, das mit der Energie Realitäten schafft. Und Bewusstsein haben wir alle. Alle unterschiedlichen Energieformen, die es gibt, sind untereinander vernetzt und darum sind alles Leben sowie die mannigfaltigsten Materiearten miteinander verwandt und reagieren aufeinander.

Nun wollen wir einige Wissenschaftler zum Universal-Bewusstsein, zur Evolution und zum Energiehaushalt innerhalb unseres Universums zu Wort kommen lassen.

Charles Robert Darwin, Begründer der Evolutionslehre. 1809–1882. In seinem wegweisenden Werk „Über die Entstehung der Arten" ging er von einer natürlichen Selektion aus und meinte, dass die Lebewesen, die am besten der jeweiligen Umwelt angepasst sind, überleben. Seine Hypothese ist allgemeingültig geworden.

Jean-Baptiste Lamarck, Naturforscher, Professor in Paris, 1744–1829. Im Gegensatz zu Darwin war er der Ansicht, dass ein Individuum sich durch die Wirkung von Umwelteinflüssen verändern kann und diese Veränderung vererbbar ist. Dabei wirkt der Umwelteinfluss nicht direkt auf den Organismus, sondern dieser reagiert auf die Umweltbedingungen. Eine seiner bekanntesten Hypothesen ist, dass stark beanspruchte Organe, Muskeln und Knochen leistungsfähiger und größer werden. Als Beispiel führt er die Giraffe an: Ihr langer Hals entwickelte sich dadurch, dass sie sich bei der Nahrungsaufnahme ständig nach oben streckte, um an die höheren Blätter zu gelangen. Vielleicht, weil diese besser schmeckten oder weil sie bei den unteren mit den kleineren Tieren in Konflikt geriet. *Darwin* widersprach und erklärte, die Giraffen mit den kurzen Hälsen seien denen mit den langen Hälsen bei der Nahrungsaufnahme unterlegen gewesen und so habe die Selektion gegriffen und sie seien ausgestorben.

Heute sind viele Wissenschaftler der Ansicht, an *Lamarcks* Meinung könnte doch etwas Wahres sein. Vor allem, wenn durch die neue noetische Wissenschaft die Quantentheorie hinzugezogen wird, die ja annimmt, dass jede einzelne Zelle geisttragend ist. Nach der Signatur – Rückkoppelung – Widerspiegelung könnte auch das Wunschdenken der Giraffe, an die oberen Blätter zu kommen, ein Wachstum des Halses veranlasst haben.

Jagadis Chandra Bose, ein international anerkannter indischer Wissenschaftler, hat bereits vor dem Zweiten Weltkrieg einige hochempfindliche Instrumente entwickelt. Sein *Bose*-Crescograf ermöglichte es, nachzuweisen, dass Pflanzen ein empfindliches Nervensystem und ein wandlungsfähiges Gefühlsleben haben. Bose sagte: „Liebe, Hass, Freude, Furcht, List, Schmerz, Erregbarkeit, Erstarrung und zahllose andere Reaktionen auf bestimmte Reize gibt es bei den Pflanzen ebenso wie bei den Tieren. Mit meinen Instrumenten konnte die unteilbare Einheit allen Lebens nachgewiesen werden. Der eine Pulsschlag des Lebens, der das ganze Weltall durchdringt, kann von nun an nicht mehr als dichterische Einbildung gelten."

Der Botaniker *Bose* war Professor an der Universität Kalkutta und gründete dort das *Bose*-Institut. Bei seiner Eröffnungsansprache führte er unter anderem aus: „Im Verlauf meiner Forschungen geriet ich unbeabsichtigt in das Grenzgebiet zwischen Physik und Physiologie. Zu meiner Verwunderung stellte ich fest, dass die Grenzlinien allmählich verschwanden und immer mehr Berührungspunkte zwischen dem Lebenden und Nicht-Lebenden auftauchten. Die anorganische Materie zeigte sich durchaus nicht als gefühllos, sondern erzitterte unter der Einwirkung verschiedenartiger Kräfte."

„Eine universelle Reaktionsfähigkeit schien Metalle, Pflanzen und Tiere unter ein gemeinsames Gesetz zu bringen. Sie alle zeigten im Wesentlichen dieselben Ermüdungs- und Depressionserscheinungen, dieselbe Fähigkeit, sich zu erholen oder sich zu erregen, und den Verlust jeglichen Gefühls beim Eintritt des Todes. Diese erstaunliche Universalität erfüllte mich mit Ehrfurcht und bald darauf gab ich der Königlichen Akademie voller Hoffnung meine Ergebnisse bekannt. Ergebnisse, die durch Experimente bewiesen worden waren. Doch die anwesenden Physiologen rieten mir, meine Forschungen auf das Gebiet der Physik zu beschränken, auf dem ich schon sichere Erfolge erzielt hatte, und nicht in ihr Territorium einzudringen. Ich war, ohne es zu wissen, in das Gebiet eines unbekannten Kastensystems geraten und hatte gegen dessen Etikette verstoßen." – „Als weiterer Faktor spielte hier noch ein instinktives Vorurteil der Theologen mit, die Unwissenheit mit Glauben verwechseln. Es wird oft vergessen, dass Gott, der uns in diese sich ständig neu entfaltende, geheimnisvolle Welt hineingestellt hat, uns auch den Wunsch eingegeben hat, zu fragen und zu verstehen. – Mit der Zeit jedoch wurden meine Theorien und praktischen Ergebnisse von den führenden wissenschaftlichen Gesellschaften der ganzen Welt akzeptiert und damit zugleich der bedeutende Beitrag Indiens auf dem Gebiet der Wissenschaft anerkannt."

Pierre Teilhard de Chardin, Jesuitenpater und Wissenschaftler der Paläontologie, hat in seinem Buch „Der Mensch im Kosmos", das 1959 in der C.H. Beck'schen Verlagsbuchhandlung, München, erschienen ist, einige sehr bemerkenswerte Sätze über Evolution und Bewusstsein geschrieben. Er vertritt die Ansicht, dass bei dem

Phylum, der stammesgeschichtlichen Entwicklung, wir hier einer Wirkung gegenüberstehen, die nicht auf äußere Kräfte, sondern auf seelische zurückgeht. – „Vorzüge und Fehler entwickeln sich im Individuum mit dem Alter. Warum sollten sie nicht auch stammesgeschichtlich immer stärker hervortreten? Warum sollten sie in dieser Dimension nicht auf den Organismus wirken, um ihn nach ihrem Bild zu formen? – In ihrem tiefsten Inneren besteht die lebende Welt aus Bewusstsein, das von Fleisch und Knochen umkleidet ist. – In meinem Vorwort habe ich daran erinnert, dass die Physik am Ende ihrer Analysen nicht mehr recht weiß, ob sie es noch mit reiner Energie zu tun hat oder ob es nicht ganz im Gegenteil Denken ist, was ihr in Händen bleibt. – Die Biologie sieht sich auf der Höhe ihres Lehrgebäudes, sofern sie der Logik ihrer Entdeckungen treu bleibt, dies hat dazu geführt, die Gesellschaft der denkenden Wesen als die augenblicklich letzte Form der Schöpfung der Evolution zu betrachten. – Die Welt schaffen, vollenden und entsühnen, so lesen wir bereits bei Paulus und Johannes, ist für Gott die Einigung der Welt in einer organischen Vereinigung mit sich selbst. Auf welche Weise eint er sie? Indem er zu einem gewissen Teil in die Dinge eintaucht, indem er sich zum Element macht und indem er dann, kraft des im Herzen der Materie gefundenen Stützpunkte, die Führung und den Plan dessen übernimmt, was wir heute Evolution nennen. – Für fast alle alten Religionen bedeutet die Erneuerung der kosmischen Anschauungen, die den modernen Geist charakterisiert, eine Krise, die sie voraussichtlich nicht überstehen werden, wenn sie nicht schon gestorben sind. Zu eng mit unhaltbaren mythischen Vorstellungen verknüpft oder an eine Mystik von Pessimismus und Passivität gebunden, ist es ihnen unmöglich, sich der zahlenmäßigen Unermesslichkeit oder den konstruktiven Anforderungen der Raum-Zeit anzupassen. Sie entsprechen nicht mehr den Voraussetzungen unserer Wissenschaft und unseres Handelns. – Einen Augenblick empfindet der Christ Furcht vor der Evolution, doch heute erkennt er, dass sie ihm ganz einfach eine wunderbare Möglichkeit gibt, sich noch tiefer Gott nahe zu fühlen und hinzugeben. – Gott macht, dass die Welt sich macht."

Obwohl *de Chardin* ein international anerkannter Wissenschaftler war, so hatte er am Anfang doch große Schwierigkeiten mit seiner Kirche. Er wurde gemaßregelt und seine wissenschaftlichen Bücher kamen auf den Index. Aber dann konnte der Vatikan doch mit der Evolution versöhnt werden. Der Mensch war allerdings davon ausgeschlossen, er galt weiterhin als etwas Einmaliges, der nicht der Evolution unterworfen ist. Wenn wir seine Schriften aufmerksam lesen, dann fällt auf, dass er sich mit Rücksicht auf die damals noch vorherrschende Meinung des Vatikans sehr, sehr vorsichtig ausdrückt, um ja nicht den Eindruck entstehen zu lassen, die Evolution würde auch ohne Gott funktionieren.

Jean E. Charon, ein französischer Physiker, dessen Bücher in fast alle Weltsprachen übersetzt wurden, geht in seinem Werk „Der Geist der Materie", erschienen im Paul-Zsolnay-Verlag, Wien-Hamburg, noch einen Schritt weiter. Er behauptet: „Geist und Materie sind so untrennbar miteinander verbunden wie Vorder- und Rückseite einer Münze." 1975/76 machte er eine fantastische Entdeckung: Er fand heraus, dass jene unsterblichen stabilen Materieteilchen geisttragend sind und ihr Funktionsmechanismus nur mit dem menschlichen Gedächtnis vergleichbar ist. „Denn das, was unsere eigentliche individuelle Persönlichkeit ausmacht, ist unser Geist und dieser ist, wie ich hier noch einmal ausdrücklich betonen will, ungeteilt in jedem der Milliarden Elektronen unseres Körpers enthalten. – Die Evolution des Geistes muss sich in Harmonie mit jener der Materie vollziehen. Der Geist allein ist nicht imstande, die physikalischen Gesetzmäßigkeiten aufzuheben, er kann sich nur zur Schaffung eigener, besonderer Systeme bedienen, genau, wie wir Menschen dies durch Einsatz unseres Denkens zu tun vermögen. – Im Augenblick des Beginns unseres Universums ist dort ein Elektronenpaar entstanden. Sie sind nicht identisch, das eine ist positiv geladen, es ist ein Positron, das andere ist negativ, es ist ein Elektron. Beide Elektronen enthalten einen Raum des Geistes. Das Elektron enthält elektromagnetische Eigenschaften, es sind vier materieabhängige Möglichkeiten der Wechselwirkung: ‚starke, schwache, elektromagnetische und gravitative Wechselwirkungen.‘ – Das Positron enthält geistige Eigenschaften, es sind vier psychische Möglichkeiten der Wechselwirkung: ‚Reflexion, Tat, Erkenntnis und Liebe.‘ – Es ist unmöglich, die auffallende Analogie-Beziehung zwischen dieser Beschreibung der ersten Erschaffung des Geistigen und dem, was die Menschheit zu allen Zeiten über diesen ersten Schöpfungsakt erraten und bildhaft ausgedrückt hat, zu übersehen. Ob es nun Adam und Eva, Yin und Yang oder das Positive und das Negative genannt wird, es sind alles Ausdrucksformen für ein und dieselben, aus ewigen Wurzeln emporsteigenden Erinnerungen an ein Paar aus zwei komplementären Einheiten, die die ersten Träger des Geistes waren und mit denen das ganze Abenteuer unseres Universums seinen Anfang nahm. Zwei Einheiten, die, wie wir entdecken, nichts anderes waren als die beiden ersten Elektronen, das erste geistige Paar, bestehend aus einem negativen Elektron und einem positiven Positron. – Aus diesen Ausführungen ergeben sich jedoch noch weitere, metaphysische, ebenso fundamentale Konsequenzen. Da unser Körper in der Tat aus Elementarteilchen aufgebaut ist, die, da sie ja ewig leben, seit Anbeginn der Welt existieren, so wurzelt unser eigener Geist tatsächlich in der gesamten Geschichte der Welt. Der Geist, den wir als den unseren bezeichnen, hat das ganze Abenteuer des Universums miterlebt, jeder von uns besitzt ein *Ich,* das von Anbeginn bis zum Ende der Zeit besteht. – Wenn wir uns darauf einigen, Gott als das Prinzip der Ewigkeit zu bezeichnen, so erlaubt uns das eben Gesagte, zu folgern, dass Gott, der als geistiges Wesen der Ewigkeit angehört, existiert und weiter, dass jeder von uns konsubstanziell (wesenhaft) mit Gott ist."

Hoimar von Ditfurth, Professor für Psychiatrie und Neurologie, Wissenschaftsjournalist, befasste sich auch in seinen Fernsehsendungen mit den modernen Naturwissenschaften. Hier lassen wir ihn durch sein Buch „Der Geist fiel nicht vom Himmel – Die Evolution unseres Bewusstseins" zu Wort kommen: „Wenn man die Tatsache der chemischen und einer sich an diese Phase anschließenden biologischen Evolution anerkennt und voraussetzt, ebenso die Tatsache des Fortschreitens der Evolution zu immer komplizierteren Strukturen und Leistungen, dann erweist sich auch das Auftreten physischer Phänomene im Verlauf der biologischen Weiterentwicklung als unausbleibliches Ereignis. – Das Wesen dieser universalen Entwicklung, die identisch ist mit der Geschichte der Welt, ist es gerade, dass sie mit naturgeschichtlicher Unausweichlichkeit Schicht auf Schicht Neues hervorbringt. Eben: Schicht auf Schicht. Da fällt nichts vom Himmel. Da ist nichts unvermittelt da, was es vorher nicht gab. – Hier entsteht also fortwährend Neues, sonst wäre die Welt heute noch leer. – Evolution ist ein realer Prozess. Ein sich in der Zeit bewegender Ablauf. Es wäre nun wieder nur Ausdruck anthropozentrischer Naivität (den Menschen in den Mittelpunkt stellende Naivität), wenn wir uns dem Gedanken überlassen würden, dieser Prozess sei ausgerechnet heute, in unserer Gegenwart, zum Stillstand gekommen. Er habe ausgerechnet in uns seinen Gipfel, seinen äußersten Endpunkt erreicht. – Solange wir den biologischen Rahmen nicht erkennen, der unsere Einsichtsfähigkeit beschränkt, so lange laufen wir Gefahr, die Ursachen dieser unbestreitbaren Beschränkung an der falschen Stelle zu suchen. Verstocktheit oder böser Wille sind dann, wie die Erfahrung zeigt, die gängigsten Erklärungen. Hier liegt eine der Hauptwurzeln für jene Mentalität, die regelmäßig der Versuchung ausgesetzt ist, die eigene Ohnmacht durch die Flucht in eine Sabotage-Hypothese zu überwinden, wenn der in der Theorie so widerspruchslos aufgehende Plan in der Realität der menschlichen Gesellschaft wieder einmal nicht zum vorausberechneten Ergebnis geführt hat. – Selbst die Kirche ist gegen diese Gefahr nicht immer gefeit gewesen. Auch sie hat sich in der Vergangenheit bekanntlich verleiten lassen, der Sabotage, die der Teufel an ihrem Werk so offensichtlich übte, um jeden Preis Einhalt zu gebieten. Auch um den Preis der physischen Vernichtung der Menschen, deren Rechtgläubigkeit sich aller Belehrung zum Trotze nicht einstellen wollte. – Geist gibt es in der Welt nicht deshalb, weil wir ein Gehirn haben. Die Evolution hat vielmehr unser Gehirn und unser Bewusstsein allein deshalb hervorbringen können, weil ihr die reale Existenz dessen, was wir mit dem Wort Geist meinen, die Möglichkeit gegeben hat, in unserem Kopf ein Organ entstehen zu lassen, das über die Fähigkeit verfügt, die materielle mit dieser geistigen Dimension zu verknüpfen."

Wir haben die Aussagen von sechs namhaften Wissenschaftlern, die in den Fachrichtungen Biologie, Paläontologie, Physik sowie Psychiatrie und Neurologie Professoren sind, kennengelernt. Ihre Erkenntnisse sind, obwohl sie von verschiedenen Basen ausgehen, für uns hilfreich, das Wesen der SRW zu erkennen. Aber als Wissenschaftler, bei denen nur Fakten zählen, die im Experiment nachvollziehbar sind, haben sie eine von Natur aus gegebene Skepsis gegenüber dem Erglauben von Dingen und Ereignissen. Wir wenden uns darum zusätzlich einem System zu, das sich seit Jahrtausenden mit okkulten Kräften befasst und uns weiterhelfen kann, dem Yoga.

8. Yoga

Yoga ist wohl die älteste bekannte Wissenschaft vom Leben. Im Industal wurden kleine Steinsiegel mit Figuren in Yoga-Stellungen gefunden, deren Alter auf etwa fünftausend Jahre geschätzt wird. Yoga ist der Welt erfolgreichstes System zur persönlichen Entwicklung und Selbstverwirklichung.

Er bietet viele unterschiedliche Wege an und so ist es jedem Menschen möglich, den ihm genehmen und zu seiner Entwicklung passenden zu finden. Yoga-Techniken sind auch in anderen körperlichen und geistigen Schulen zu finden und so können wir uns auf Yoga beschränken und damit doch die anderen Systeme ansprechen. Der Begriff der „Signatur – Rückkoppelung – Widerspiegelung" kommt natürlich nicht darin vor, denn er wurde ja erst jetzt von mir geprägt.

Yoga ist ein ganzheitlicher Weg, der sowohl den Körper aktiviert wie auch den Geist befreit. Sein Endziel ist die Einheit der Individual-Seele mit der Universal-Seele.

Yoga ist sehr vielseitig und so suchen wir uns nur den Yoga aus, der für das Verstehen der SRW relevant ist.

Yoga ist eine Zusammenfassung von verschiedenen Pfaden und bezweckt einen verbesserten Fluss der Lebensenergie in unserem Körper.

Asanas sind körperliche Übungen und Stellungen, sie dienen der Gesunderhaltung des Seins und der Meditation.

Pranayama ist die Atemregulierung zur Beherrschung des Geistes und der Lebenskraft.

Prana ist die lebende Energie, die in allem Bestehenden wirkt.

Bei allen Übungen gilt es eine Grundregel zu beachten: Die Übungen dürfen nie wehtun und nie unangenehm sein. Es kommt nicht auf die Gelenkigkeit an, sondern auf die richtige Durchblutung und die Sauerstoff- und Lebenskraftversorgung der Glieder, Organe und des Gehirns.

Nach dem Wissen des Yoga durchziehen feinstoffliche Kanäle, die Nadis, den menschlichen Körper. In ihnen zirkuliert Prana und versorgt den Körper mit der benötigten Lebensenergie. Im Chinesischen ist es das Chi, das in den Meridianen fließt. Sind diese Kanäle verengt oder inaktiv, sodass die Lebenskraft nicht richtig fließen kann, so treten Unpässlichkeiten, Leistungsschwäche und Krankheiten auf. In der chinesischen Medizin wird die Akupunktur dagegen eingesetzt, wobei ein Therapeut versucht, durch Nadelstiche in bestimmte Punkte die Blockade zu beheben. Ein Yogi macht seine Nadis durch Pranayama durchlässiger. Er visualisiert seinen Atem in seine feinstofflichen Kanäle hinein und durch besonderes Ein- und Ausatmen reinigt und aktiviert er sie.

Die drei wichtigsten Nadis oder feinstofflichen Kanäle verlaufen vom Steißbein bis zur Fontanelle, dem höchsten Punkt des Kopfes. Sushumna-Nadi entspricht dem Rückenmark und verläuft innerhalb der Wirbelsäule. Ida- und Pingala-Nadi entsprechen den Sympathikus- und Parasympathikus-Nerven unserer Schulmedizin und winden sich entgegengesetzt vom Steißbein kommend um das Rückenmark herum. Sie kreuzen sich jeweils in den sieben Chakras, das sind Energiezentren oder auch Leitstellen, von denen aus die Lebenskraft in die ihnen zugeordneten Körperteile geleitet wird. Ida ist der passive Nerv und hat eine Verbindung zum linken Nasenloch, während Pingala der aktive Nerv ist und die Verbindung zum rechten Nasenloch hat. Der Atem fließt nun nicht gleichmäßig durch beide Nasenlöcher, etwa alle zwei Stunden wechselt er automatisch und dabei mehr oder weniger intensiv die Seiten. Strömt er mehr durch das linke Nasenloch, so aktiviert er Ida und der Mensch wird ruhiger, gelassener und auch müder. Strömt er mehr durch das rechte Nasenloch, so aktiviert er Pingala und der Mensch wird lebhafter, leistungsfähiger und auch wacher. Ein Yogi steuert nun bewusst seinen Gemütszustand, indem er das betreffende Nasenloch zuhält und nur durch das andere atmet. Sind beide gleichzeitig geöffnet, so herrscht ein ausgeglichener Geistes- und Körperzustand.

Das Ziel der höheren Yoga-Stufen ist es nun, diese drei Nadis und die sieben Chakras so durchlässig zu machen, dass das Prana, die Lebensenergie, ungehindert fließen kann. Ist diese Verbindung zwischen dem Steißbein, wo auch der Minuspol des Körpers liegt, und der Fontanelle, die den Pluspol beherbergt, hergestellt, so wirkt der Körper wie ein Stabmagnet mit den entsprechenden Kräften.

Die alten Yogis drücken dies etwas bildhafter aus und nennen es Kundalini-Yoga. Kundalini ist eine Schlangengöttin, die zusammengerollt in unmittelbarer Nähe des Steißbeins schläft. Durch Pranayama, die Atemtechnik, wird sie geweckt und steigt zischend durch die Wirbelsäule und über die sieben Chakras nach oben, wo sie sich mit Gott Shiva, dessen Sitz die Fontanelle ist, vereint.

Eine Lagebeschreibung der sieben Chakras oder Energiezentren des Astralkörpers.

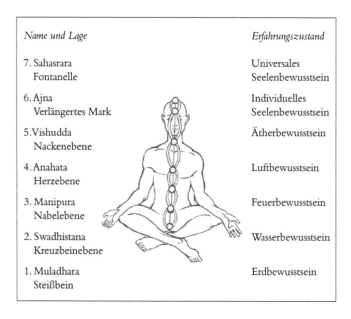

Name und Lage	Erfahrungszustand
7. Sahasrara Fontanelle	Universales Seelenbewusstsein
6. Ajna Verlängertes Mark	Individuelles Seelenbewusstsein
5. Vishudda Nackenebene	Ätherbewusstsein
4. Anahata Herzebene	Luftbewusstsein
3. Manipura Nabelebene	Feuerbewusstsein
2. Swadhistana Kreuzbeinebene	Wasserbewusstsein
1. Muladhara Steißbein	Erdbewusstsein

Fließt die Lebensenergie innerhalb der Wirbelsäule zwischen Steißbein und Fontanelle, beziehungsweise von Pol zu Pol, so fließt sie auch, wie bei einem Stabmagneten üblich, auch außerhalb des Körpers von Pol zu Pol. Es ist die Aura, die einen Körper umgibt, und ihre Stärke richtet sich nach der Energie, die in den Nadis fließen kann.

Um diese Tatsache begreiflich zu machen, wurde seit alters her versucht, die Aura oder Energie-Abstrahlung bildlich darzustellen. Bei religiösen Motiven ist es oft eine Figur, die in einem Strahlenkranz zu sehen ist, auch Heiligenscheine und Kronen deuten darauf hin. Buddha-Darstellungen haben immer einen Vulkankegel oder eine Flamme auf dem Kopf, die diese Energie-Strahlung symbolisiert. Figuren, die diese Attribute nicht aufweisen, sind auch keine Buddhas, sondern stellen den chinesischen Glücksgott „Mi-Lo Fo" dar.

Buddha   Glücks-Gott Mi-Lo Fo

Ein erfahrener Yogi kann diese Energie steuern und sie entweder über die Fontanelle oder auch über sein Stirnzentrum aussenden. Dazu erzeugt er in diesen Zentren eine Vibration und diese Schwingung ist unsere gebündelte SRW-Ausstrahlung, die er zur Wunscherfüllung oder zu einer Schöpfung einsetzen kann.

Übungen mit Prana, wobei Energie in den Nadis fließt, dürfen nur mit äußerster Vorsicht betrieben werden, denn es werden dabei Kräfte freigesetzt, die von ungeübten Anfängern nicht beherrscht werden und zu Schäden an Körper und Geist führen können. Ein erfahrener Lehrer ist hier unabdingbar. Immer wieder steht Falsches in der Literatur und Scharlatane reiten auf der Yoga-Welle. Sogar im Mutterland des Yoga gibt es selbst ernannte Gurus, die keine Ahnung von Yoga haben, und solche, die mit Taschenspielertricks Gegenstände aus dem Nichts herbeiholen, um ihre Anhänger zu beeindrucken. Wahre Avatare haben so etwas nicht nötig und geben kaum zu, dass sie selbst die Schöpferkraft anwenden können. Sie sagen gerne, jemand anderes habe ihre Bitte erhört und erfüllt.

Hier einige Grundregeln des Pranayama: Atemübungen dürfen niemals übertrieben und mit Gewalt ausgeführt werden. Vor allem Techniken, die als Inhalt das mehrmalige schnelle und tiefe Ein- und Ausatmen enthalten, neigen durch Hyperventilation dazu, eine Sauerstoff-Überanreicherung des Körpers zu bewirken. Das ist absolut schädlich, da die Überdosis Sauerstoff wie Gift wirken kann. Auch Pranayamas, die durch das Anhalten des Atems die Überanreicherung mit Sauerstoff wieder ausgleichen sollen, kommen oft zu spät, werden übertrieben und erreichen damit das Gegenteil, weil dabei zu viel Kohlendioxid entsteht, das auch schädlich ist. Zu einer echten Katastrophe kann es führen, wenn durch extrem langes Atemanhalten, das oft noch bis zur beginnenden Bewusstlosigkeit gesteigert wird, bei gleichzeitigem Anziehen der Muskeln um das Steißbein herum Kundalini zu früh erweckt wird. Ist nämlich diese Kraft einmal aktiviert, so ist sie nicht mehr zu bremsen und steigt ihrer Natur gemäß nach oben. Sind nun die Nadis, die feinstofflichen Kanäle, und die Chakras, die Zentren, noch nicht für diese Energie durchlässig genug, so bricht sich Kundalini mit Gewalt einen Weg. Und das ist, wie wenn zehntausend Volt durch eine Schwachstromleitung gejagt würden, es brennt etwas durch. Es entstehen überall körperliche Schmerzen, vor allem entlang der Wirbelsäule und innerhalb des Kopfes, auch der Körper wird nicht mehr richtig mit Energie versorgt, er schwächelt. Symptome, die nur sehr schwer zu beheben sind.

Ich spreche hier von eigenen Erfahrungen. Dabei hatte ich noch Glück, denn als Kundalini bei mir durchbrach, übte ich schon jahrelang Yoga und so lief es relativ glimpflich ab. Erst später lernte ich meinen Yoga-Lehrer „Dhirananda" kennen, der heute in Bregenz lebt und der mir mit dem Kriya-Yoga die Technik beibrachte, wie mit den körperlichen Energien umzugehen ist.

Dabei ist der große Vorteil des Yoga, dass der Übende, wenn er sich an die Regeln hält und Schritt für Schritt den Weg geht, immer genau weiß, wo er in seiner Entwicklung steht. Bei den Energieübungen spürt er ganz sacht, durch ein leichtes Kribbeln entlang der Wirbelsäule, wie sich das Prana bemerkbar macht. Es fühlt sich etwa so an, wie wenn ein Schauer oder Frösteln den Rücken entlangläuft. Ist er weiter fortgeschritten, so kommen die Anahat-Töne hinzu. Es sind dies vor allem im Kopf entstehende Schwingungen, die sich wie der Klang einer Glocke, Geige, Flöte oder wie Bienengesumm anhören. Der Schüler lernt, diese Töne zu steuern, und kann sich zum Beispiel so in sie einhüllen, dass ihn kein äußeres Geräusch mehr erreicht und er in Ruhe meditieren kann.

Jakob Böhme, ein großer christlicher Mystiker, kannte diesen Zustand auch, denn er schrieb vom „Tönen und Schallen in dem himmlischen Freudenreich".

Die dritte Manifestation der kosmischen Energie ist das Licht. Es entsteht vor dem geistigen oder auch dritten Auge, das in der Stirnmitte, etwa einen Zentimeter über den Augenbrauen, gelegen ist. Die Hindus markieren diesen Punkt oft mit einem Punkt zwischen den Brauen. Das eventuell farbige Licht zeigt an, dass der Stirnlappen des Gehirns aktiviert ist. Der erfahrene Yogi kann mit seinem geistigen Auge die Aura eines Wesens sehen und erkennen, was für eine Signatur-Ausstrahlung gesendet wird.

Der fortgeschrittene Yogi versucht, durch eigene Aktivität seine Kräfte zu mobilisieren, um so sein Schicksal selbst zu gestalten. Aber erst wenn er ein Meister geworden ist und die Einheit seiner Individual-Seele mit der Universal-Seele vollzogen hat, ist er am Ziel seiner

Entwicklung. Als ein Wissender kann er nun die Energie des Universums oder der Gottheit direkt anwenden. Er braucht keinen Vermittler mehr, er ist ein *Avatar* geworden.

9. Yoga-Erlebnisse

Paramahansa Yogananda, Mönch des indischen Swami-Ordens, beschreibt in seinem Buch „Die Autobiografie eines Yogi", das im Verlag Self-Realization Fellowship erschienen ist, bereits über zweitausend Auflagen erreicht hat und in etwa zwanzig Sprachen übersetzt wurde, seinen Yoga-Weg. *Yogananda* ist sein Mönchsname und *Paramahansa* sein Mönchstitel. Er wurde 1893 als Sohn des Eisenbahndirektors Ghosh und seiner Ehefrau in Gorakhpur im nördlichen Indien geboren. Beide Eltern waren Yoga-Anhänger und so wurde er schon als Kind mit dem Yoga vertraut. Als Schüler begegnete er seinem Guru (Lebensmeister), *Sri Yukteswar,* der ihn zu einem der bemerkenswertesten Menschen formte. *Yogananda* erwarb ein Universitätsdiplom, lebte später in den USA und wurde der Wegbereiter des Yoga für den Westen.

Schon als Kind machte sich sein Talent, die SRW-Ausstrahlung zu lenken, bemerkbar. Seine Schwester Uma klagte eines Tages über ein Furunkel an ihrem Bein und holte sich eine Dose mit Salbe. Auch *Yogananda* (ich verwende jetzt schon seinen Mönchsnamen, damit kein Irrtum entsteht) schmierte sich etwas davon auf seinen Arm. „Warum tust du dir Medizin auf einen gesunden Arm?", fragte sie. „Weil ich fühle, dass ich morgen an dieser Stelle auch ein Furunkel haben werde", antwortete *Yogananda.* Seine Schwester nannte ihn einen Schwindler und neckte ihn. Da sagte er fest: „Bei der Kraft meines Willens erkläre ich dir, dass ich morgen genau an dieser Stelle ein ziemlich großes Furunkel haben werde, und dein Furunkel wird doppelt so groß sein!" Die Vorhersage trat ein und seine Schwester rannte schreiend zur

Mutter: „*Yogananda* ist ein Zauberer geworden." Seine Mutter ermahnte ihn ernsthaft, nie wieder die Kraft des Wortes zu gebrauchen, um anderen Menschen Schaden zuzufügen. Er hat sich dies sehr zu Herzen genommen und strikt befolgt.

Schon in unserer Bibel wird berichtet, dass Gott mit der Kraft des Wortes die Welt erschaffen hat. Es heißt dort: „Und Gott sprach …" Für den Yogi ist das Schöpfungswort das *Om* oder auch *Aom,* über das er meditiert und das er summt.

Ein anderes Mal stand *Yogananda* mit seiner Schwester Uma auf dem Balkon des elterlichen Hauses und beobachtete, wie zwei Jungen Drachen steigen ließen. Als sie wissen wollte, was er gerade dachte, antwortete er: „Ich denke gerade, wie wunderbar ist es, dass die göttliche Mutter (Shakti) mir alles gibt, worum ich sie bitte." Seine Schwester lachte spöttisch: „Gibt sie dir vielleicht auch die beiden Drachen?" – „Warum nicht?" Und *Yogananda* begann um die Drachen zu beten.

In Indien werden Wettspiele mit Papierdrachen ausgeführt, deren Halteschnüre mit Glassplittern beklebt sind. Die Spieler versuchen nun, gegenseitig die Halteschnüre durchzuschneiden. Wird eine Schnur gekappt und der Drachen fliegt davon, so beginnt eine allgemeine Jagd nach ihm.

Yogananda und Uma standen aber sehr ungünstig, denn ihr Balkon hatte ein Dach und es war darum sehr unwahrscheinlich, einen Drachen zu erwischen. Als eine Schnur durchschnitten wurde und der Drachen über ihnen war, ließ der Wind plötzlich nach und das Ende der Schnur verfing sich in einem Kaktus, der auf dem gegenüberliegenden Haus stand. Es bildete sich so eine Schleife, die herabhing und die *Yogananda* fassen konnte. „Das war Zufall", meinte Uma, als sie den Preis empfing. „Wenn der andere Drachen auch zu dir kommt, will ich dir glauben." *Yogananda* setzte sein Erbitten fort und so gelangte auf die gleiche Art auch der zweite Drachen in seinen Besitz.

Als *Yogananda* schon mit seinem Guru zusammen war, wollte er mit anderen Schülern bei großer Hitze einen Festumzug machen. Er klagte seinem Meister, wie er die barfüßigen Schüler über den glühend heißen Weg führen könne. „Ich will dir ein Geheimnis verraten", antwortete der Meister, „der Herr wird einen Wolken-

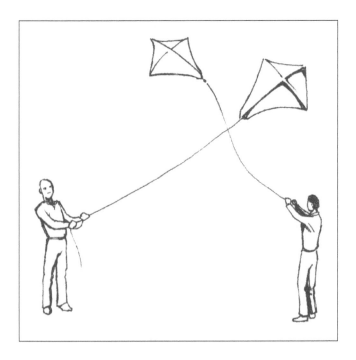

schirm senden, sodass ihr unbehindert wandern könnt." Wie versprochen kamen während des Umzugs Wolken auf und leichter Regen fiel. Nachdem *Yogananda* seinem Guru seine Dankbarkeit bekundet hatte, erklärte dieser: „Siehst du, wie Gott mit uns fühlt. Er erhört alle und sorgt für alle. So wie er heute auf meine Bitte hin den Regen gesandt hat, so erfüllt er jeden aufrichtigen Wunsch seiner Kinder. Die meisten Menschen wissen gar nicht, wie oft Gott ihre Gebete erhört. Er bevorzugt nicht einige wenige, sondern erhört jeden, der sich vertrauensvoll an ihn wendet. Die Menschenkinder sollten niemals an der Liebe und Güte ihres himmlischen Vaters zweifeln."

Ein anderes Mal rügte *Sri Yukteswar* seinen Schüler *Yogananda:* „Du hörst nicht richtig zu. – Du hast eben in Gedanken drei Gebäude errichtet. Eins in waldigem Flachland, ein anderes auf einem Hügel und ein drittes am Meer!" Reumütig bestätigte *Yogananda* seine Gedanken, worauf sein Guru sagte: „Deine architektonischen Träume werden sich später verwirklichen. Jetzt aber bist du zum Lernen da!" Und so war es. *Yoganandas* Wunschbilder verwirklichten sich später in Amerika, in Form der von ihm gegründeten Schulen.

Eines Tages sagte *Sri Yukteswar:* „*Yogananda,* du bist zu dünn." Das war sein wunder Punkt, denn er litt unter chronischen Verdauungsbeschwerden, war klapperdürr und zweifelte oft am Sinn seines Lebens. Alle Pillen und Stärkungsmittel hatten nicht geholfen. *Sri Yukteswar* sagte: „Die Wirkungen der Medikamente sind begrenzt, doch Gottes schöpferische Lebenskraft ist unbegrenzt. Glaube daran und du wirst gesund und kräftig werden!" Diese Worte überzeugten *Yogananda* und er gewann die Zuversicht, dass er diese Wahrheit auch auf sich anwenden könne, und so wurde er gesund und kräftig.

Sri Yukteswar machte eine ähnliche Erfahrung bei seinem Guru, *Lahiri Mahasaya*. Dieser war kein Mönch, sondern Familienvater und verdiente seinen Unterhalt als einfacher Beamter. Er war einer der größten Yogis und bewies damit, dass auch ein Berufstätiger, Ehemann und Vater den Yoga-Weg erfolgreich beschreiten kann.

Als *Sri Yukteswar* noch Schüler war, schleppte er sich nach langer Krankheit zu seinem Lehrer: „Meister", sagte er, „ich war schwer krank und habe stark abgenommen." –

„Ich sehe", sagte *Lahiri,* „dass du dich selbst krank gemacht hast und jetzt glaubst, dass du abgemagert bist – lass sehen, ich glaube bestimmt, dass es dir morgen besser geht."

Am nächsten Tag ging es *Yukteswar* viel besser.

„Tatsächlich, heute hast du dich gestärkt", meinte *Lahiri.*

„Nein, Meister, Ihr seid es, der mir geholfen hat. Es ist das erste Mal seit Wochen, dass ich etwas Kraft in mir fühle."

Lahiri Mahasaya antwortete: „Allerdings, du hast eine schwere Krankheit hinter dir und dein Körper ist noch nicht widerstandsfähig, wie wird er morgen sein?"

Der Gedanke an einen Rückfall ließ *Yukteswar* erschaudern.

Am nächsten Morgen konnte er sich kaum zu seinem Guru schleppen: „Meister, heute geht es mir wieder sehr schlecht."

Lahiri blickte ihn belustigt an: „So hast du dich also wieder krank gemacht!"

Yukteswar glaubte, dass sein Guru sich über ihn lustig mache, weil er ihm keinen Glauben schenkte.

Lahiri Mahasaya erklärte ihm: „Es sind wirklich nur deine Gedanken, die dich abwechselnd krank und gesund gemacht haben. Du siehst, wie dein Gesundheitszustand sich genau nach deinen unbewussten Erwartungen gerichtet hat. Gedanken sind Kräfte, genau wie die Elektrizität oder die Schwerkraft. Der menschliche Geist ist ein Funke des allmächtigen Bewusstseins Gottes. Ich wollte dir lediglich zeigen, dass alles, woran dein machtvoller Geist fest glaubt, sofort eintritt."

Yukteswar glaubte daran und wurde im selben Augenblick gesund und kräftig.

Wie in der „Autobiografie eines Yogi" berichtet wird, erfüllte *Lahiri Mahasaya* die eindringliche Bitte seiner Jüngerin auf spektakuläre Weise.

Abhoya, so hieß sie, hatte sich eines Tages entschlossen, mit ihrem Mann, einem Rechtsanwalt aus Kalkutta, nach Benares zu fahren, um ihren Guru zu besuchen. Auf dem Weg zum Hauptbahnhof wurde ihr Taxi durch einen Verkehrsstau aufgehalten. Als sie den Bahnhof erreichten, pfiff der Zug bereits zur Abfahrt.

Abhoya blieb ruhig am Fahrkartenschalter stehen und betete schweigend: „*Lahiri Mahasaya,* ich flehe Euch an, den Zug aufzuhalten! Ich kann es nicht ertragen, Euch erst einen Tag später zu sehen!" Obwohl die Räder sich weiterdrehten, bewegte sich die schnaufende Lokomotive plötzlich nicht mehr vorwärts. Lokomotivführer und Passagiere traten neugierig auf den Bahnsteig, um sich dieses Phänomen anzusehen. Da näherte sich dem indischen Paar ein englischer Eisenbahnbeamter und bot ihnen, entgegen jedem Brauch, seine Dienste an. „Babu", sagte er, „gebt mir das Geld, damit ich euch die Fahrkarten besorge, ihr könnt derweilen schon einsteigen."

Sobald *Abhoya* und ihr Mann Platz genommen hatten und die Fahrkarten in Händen hielten, setzte sich der Zug langsam wieder in Bewegung. In großer Hast stie-

gen Lokomotivführer und Passagiere wieder ein, ohne zu wissen, warum der Zug auf einmal weiterfuhr oder was ihn zuvor aufgehalten hatte.

Als *Abhoya* und *Lahiri* sich begrüßt hatten, bemerkte dieser: „Bewahre etwas mehr Haltung, *Abhoya*. Wie gerne du mich in Verlegenheit bringst! Als ob du nicht mit dem nächsten Zug hättest kommen können!"

Ein weiterer Bericht zeigt, wie Gedanken und auch Taten zurückgespiegelt werden.

Ein Skeptiker wollte den großen Yogi *Trailanga* entlarven und ließ einen großen Becher mit Kalkwasser vor ihn hinstellen und forderte ihn auf, die angeblich saure Milch zu trinken. *Trailanga* nahm das „Geschenk" und trank die ätzende Flüssigkeit bis auf den letzten Tropfen leer. Kurz darauf fiel der Übeltäter unter heftigen, schmerzhaften Krämpfen zu Boden und bat um Vergebung seiner lasterhaften Tat.

„Spötter", sagte *Trailanga,* „du wusstest nicht, als du mir das Gift reichtest, dass mein und dein Leben eins sind (Vernetzung). Wenn ich nicht das Wissen besäße, dass Gott in jedem Atom der Schöpfung und daher auch in meinem Magen gegenwärtig ist, hätte der Kalk mich getötet. Nun, da du das göttliche Gesetz der Vergeltung (Widerspiegelung) kennengelernt hast, spiele in Zukunft niemandem mehr einen ähnlichen Streich." Der Sünder wurde geheilt und machte sich davon.

Auch Jesus kannte dieses Gesetz, denn er sagte laut Markus 16,18: „… und so sie etwas Tödliches trinken, wird's ihnen nicht schaden."

Einige der bemerkenswertesten Denkanstöße zum Verständnis der Signatur – Rückkoppelung – Widerspiegelung gibt.

Baird T. Spalding in seinem Buch „Leben und Lehren der Meister im Fernen Osten", das im Schirmer-Verlag erschienen ist. *Spalding* wurde 1857 in England geboren, lebte mit seinen Eltern dreizehn Jahre in Indien, studierte in Heidelberg und Kalifornien Archäologie und bereiste als Forscher mehrere Jahre den Fernen Osten. Er kam in Kontakt mit den großen Meistern des Himalaya, die ihm Einblick in ihr Leben und Wirken gaben sowie in die Gesetzmäßigkeiten des Universums.

Er schreibt: „Die östlichen Meister meinen, dass Buddha der Weg zur Erleuchtung ist, während Christus die Erleuchtung selbst ist. Christus stellt einen Bewusstseinszustand dar – das *Christusbewusstsein* – einen Zustand, den wir alle zu erreichen versuchen sollten."

„Es besteht eine auffallende Ähnlichkeit zwischen dem Leben dieser Meister, so wie sie es täglich exemplifizieren, und dem Leben von Jesus aus Nazareth. Man wird es nicht für möglich halten, dass ein Mensch sich alles, was er benötigt, unmittelbar aus dem All erschaffen kann. Diese Meister können es! Sie verschaffen sich ihre täglichen Bedürfnisse, einschließlich Nahrung, Kleidung und Geld, direkt aus dem Universum."

Dieses Gesetz des Erschaffens wurde auch Jesus offenbart. Er sah, dass alle Formen verändert werden können, durch eine andere Einstellung unseres Bewusstseins in Bezug auf sie. Seine Versuchung durch den Teufel bestand darin, die Form der Steine in diejenige von Brot zu verwandeln (Mt. 4,5). Wenn er dies getan hätte, dann hätte er sich selbst beschränkt. Er wusste, dass die Steine, so gut wie alle anderen sichtbaren Formen, aus der universellen Verstandessubstanz hervorgegangen sind, also aus Gott, und dass sie an und für sich wahrer Ausdruck des göttlichen Verstandes sind. Er wusste, dass daher alle Dinge bereits vorhanden sind und bereit sind, erschaffen und in die Existenz gebracht zu werden. Also auch die Substanz von Brot. Jesus wusste, dass er direkten Zugriff zur Brotsubstanz hatte und nicht den Umweg über die Steine gehen musste.

(Siehe die Brotvermehrung, Lukas 9,13–17.)

„Jeder gute Wunsch, den der Mensch hegt, ist Gottes Wunsch und es besteht ein unbegrenzter Vorrat der universellen Gottessubstanz um uns herum. Damit jedem Wunsch Genüge getan werden kann, brauchen wir weiter nichts zu tun, als anwenden zu lernen, was Gott schon für uns erschaffen hat. Es ist sein Wille, dass wir das tun, damit wir frei werden sollen von jeder Begrenzung und dass wir im Überfluss frei seien."

Einer der Meister, den *Spalding* und seine Forschungskollegen „Emil" nannten und der sie auf ihren Reisen begleitete, lieferte ihnen zur „Brotvermehrung" eine Erklärung: Als die Expeditionsmitglieder einmal fürchteten, ihr Lebensmittelvorrat ginge vorzeitig zur Neige, tröstete sie Emil: „Ihr braucht keine Angst zu haben. Sorgt nicht Gott für all seine Geschöpfe, groß und klein, und sind wir nicht seine Geschöpfe? Seht, hier habe ich ein paar Körner. Ich will sie pflanzen. Mit dieser Handlung habe ich deutlich erklärt, dass ich Korn wünsche. Ich habe in meinem Verstand Korn erschaffen. Ich habe das Gesetz erfüllt und zur rechten Zeit wird es hervorkommen. Wir können aber auch ein höheres oder vollkommeneres Gesetz, das uns der Vater gegeben hat, in Anwendung bringen, um Korn zu erhalten. Wir brauchen nichts Weiteres zu tun, als ruhig zu werden und uns das Korn visionär vorzustellen oder es zu idealisieren, und wir werden gedroschenes, zum Gebrauch fertiges Korn haben." – Das Korn war da! Sie hätten es nur zu Brot backen müssen. – Emil fuhr fort: „Ihr habt dies gesehen und glaubt es. Aber weshalb sollte man nicht ein noch vollkommeneres Gesetz anwenden und etwas Vollkommeneres hervorbringen? Also das, was nötig ist, ist Brot! Durch die Anwendung des subtileren Gesetzes bin ich imstande, das hervorzubringen, was ich brauche, Brot!"

„Und als wir wie von einem Zauber befangen dastanden, lag auf Emils Hand ein großer Laib Brot und das Erschaffen hörte nicht auf, bis vierzig Laibe vor uns auf dem Tisch lagen."

Emil fuhr mit seinen Erklärungen fort: „Euer Fehler besteht darin, dass ihr euch in den Glauben hineinhypno-

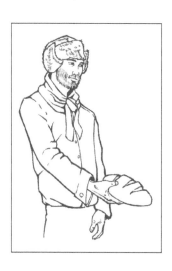

tisiert, es sei nicht jedermann imstande, Gottes vollkommene Werke zu vollbringen und eine ihm wünschenswerte Sache zu erschaffen. Aber anstatt euch zu entfalten und Erschaffen zu lernen, verkriecht ihr euch und sagt: ,Ich kann nicht', und bringt euch selbst dazu, wirklich zu glauben, dass ihr von Gott abgetrennte Wesenheiten seid. Ihr verfehlt so euren Lebenszweck, der darin besteht, zu erschaffen und euch selber zum Ausdruck zu bringen. Ihr lasst Gott sich nicht durch euch in Vollkommenheit ausdrücken, wie er wünscht."

Vollkommenheit existiert bereits, sie muss nur hervorgebracht werden!

Sagte nicht Jesus: „Seid vollkommen, wie euer Vater im Himmel vollkommen ist", (Mt. 5,48) und: „Wer an mich glaubt, der wird die Werke auch tun, die ich tue, und wird größere denn diese tun."

Es war doch seine eigentliche Mission, uns zu zeigen, dass wir alle Gottes Kinder sind und vollkommen wie dieser sein können.

Eine Meisterin wurde von den Expeditionsteilnehmern gefragt, ob ein Wunsch erfüllt werde, sobald er ausgesprochen sei. Sie erklärte sinngemäß, wenn der Wunsch in der richtigen Form vorgebracht worden sei, so werde er erfüllt werden. Wünschen sei eine Art des Betens und müsse bestimmten Gesetzen entsprechen. Das wichtigste Gesetz lautet: „Nach deinem Glauben wird dein Gebet erhört und was du auch immer wünschst, wenn du darum bittest, so glaube daran, dass du es empfangen wirst, und du wirst es erhalten. Wenn wir überzeugt sind, dass das, um was wir auch bitten, uns schon gehört, dann können wir sicher sein, dass wir in Übereinstimmung mit dem Gesetz handeln. Wird der Wunsch nicht erfüllt, so haben wir etwas Unrichtiges erbeten. Dann sollten wir aber den Fehler bei uns und nicht bei Gott oder dem Universum suchen. Wendet positive Worte an, wenn ihr die Bitte vorbringt. Überlasst das Wie, Wann und Wo Gott allein. Ihr habt nur zu sagen, was ihr nötig habt, und Danksagung auszusprechen, da ihr wisst, dass in dem Augenblick, da ihr gebeten, ihr auch empfangen habt. Alle Einzelheiten bis zur Erfüllung könnt ihr Gott überlassen. Behaltet den Gedanken an Gottes Überfluss immer im Sinn. Geht nicht zurück zur Wiederholung der Bitte, dies zeigt Zweifel an. Dankt, dass Gott in euch wirkt und dass ihr erhaltet, was ihr wünscht."

Jesus spricht laut Markus 11,24: „Darum sage ich euch, alles, was ihr bittet in eurem Gebet, glaubt nur, dass ihr's empfangen werdet, so wird's euch werden."

Resümee:
Es ist schon erstaunlich, wie viel die östlichen Meister über Jesus Christus wissen und wie anders sie ihn gegenüber unseren Kirchen auslegen. Sie behaupten ja auch, dass Christus nach seiner sogenannten Auferstehung bei ihnen im Himalaya lebte und sie von ihm lernten. Mir selbst wurde bei einem dortigen Aufenthalt von einem Bild berichtet, das Jesus in dieser Bergwelt zeigt.

Die Auszüge aus den Büchern von *Yogananda* und *Spalding* veranschaulichen die gleichen Gesetzmäßigkeiten im Erglauben, Erschaffen und Gestalten wie die Unterweisungen, die uns Christus im Neuen Testament hinterlassen hat. Die großen Yogis und Meister beweisen, dass die Gottheit in ihnen ist und durch sie wirkt. Sie haben das Christusbewusstsein verwirklicht und damit den Wahrheitsgehalt der Aussagen Jesu bestätigt. Unsere Signatur – Rückkoppelung – Widerspiegelung ist für sie Realität.

10. Prana

Einige Beispiele, wie Prana, die Lebenskraft oder kosmische Energie, wirken kann.

Für die meisten Menschen ist es nicht glaubhaft, dass es Personen gibt, die ohne Nahrung und Flüssigkeit leben können, vor allem, da wir täglich damit konfrontiert werden, wie Menschen auf der ganzen Welt verhungern und verdursten. Und doch gibt es Menschen, die nicht essen und nicht trinken.

Auch hier ist es der Glaube, der dies ermöglicht. Diese Menschen glauben fest daran, dass sie ohne Nahrung existieren können, und dann können sie es auch. Pranayama-Übungen, die Atemregulierung, sind hilfreich, da sie Energie und Kraft in den Körper ziehen und den Glauben stärken, aber ausschlaggebend ist immer der Glaube!

Yogananda berichtet, wie er mit seinem amerikanischen Begleiter, Herrn Wright, in Indien eine Yogini besuchte, die ohne Nahrung lebt und die Lebenskraft aus der Luft, aus Prana, der kosmischen Energie, bezieht. *Giri Bala,* so heißt sie, wendet bestimmte Yoga-Techniken an, die es ihr ermöglichen, so zu leben. Sie wurde mehrfach überprüft und dabei jedes Mal wochenlang isoliert.

Giri Bala berichtet von sich selbst, als Kind sei sie äußerst verfressen gewesen und ihre Mutter habe sie immer wieder gewarnt, dass ihre Essgier sie in Schwierigkeiten bringen werde, wenn sie erst verheiratet sei. Mit zwölf Jahren kam sie in die Familie ihres Mannes und es trat ein, was ihre Mutter vorausgesehen hatte. Ihre Schwiegermutter machte ihr wegen des ständigen Essens das Leben schwer. Irgendwann konnte sie das Drangsalieren nicht mehr aushalten und so betete sie zu ihrem himmlischen Vater: „Herr", flehte sie ohne Unterlass, „sende mir bitte einen Guru, der mich lehren kann, von deinem Licht anstatt von Nahrung zu leben."

Da es ihr tiefernst war, begegnete sie noch am gleichen Tag ihrem Meister.

„Liebes Kleines", sagte er voll Mitgefühl, „ich bin dein Guru, der dir von Gott gesandt wurde, um deine flehentliche Bitte zu erfüllen. Von heute an sollst du nur noch von astralem Licht leben, denn die Atome deines Körpers werden vom nie versiegenden kosmischen Strom gespeist werden." Dann wurde sie von ihrem Meister in eine Kriya-Technik eingeweiht, die ihren Körper unabhängig von grobstofflicher Nahrung machte.

Giri Bala war, als *Yogananda* sie besuchte, siebzig Jahre alt und nie krank gewesen.

Therese Neumann ist ein weiterer Mensch, der ohne Nahrung lebte. Sie wurde 1898 geboren und lebte in Konnersreuth. 1918 hatte sie einen schweren Unfall, durch den sie erblindete und teilweise gelähmt wurde. 1923 sind ihre Gebete um Gesundheit erhört worden, sie konnte wieder sehen, die Lähmung wich. Von dieser Zeit an enthielt sie sich jeder Nahrung und Flüssigkeit, bis auf eine kleine Hostie, die sie bei der morgendlichen Messe empfing. 1926 erschienen bei ihr die Stigmata, die Wundmale Christi. *Therese* wurde mehrfach untersucht und kontrolliert. Ihr Magen war eingeschrumpft und sie hatte keine Ausscheidungen. Ein Essen, auch wenn sie gewollt hätte, wäre nicht möglich gewesen. Der Vatikan hat die Seligsprechung eingeleitet.

Auch *Therese Neumann* lebte von der kosmischen Energie, die durch Luft und Sonnenstrahlen in ihren Körper einstrahlte.

Ellen Greve, die sich *Jasmuheen* nennt, heute noch lebende Australierin, ist ein weiterer Fall. Sie steht in der Blüte ihres Lebens und nimmt seit 1993 keine feste Nahrung mehr zu sich. Sie lebt, wie sie sagt, von Licht und hat mehrere Bücher über die „Lichtnahrung" geschrieben. Die Bücher sind im Koha-Verlag, Burgrain, erschienen. Sie hält Vorträge, gibt Seminare und hat zwei Methoden entwickelt, um ohne die Zufuhr von Nahrung und Flüssigkeit zu leben. Die eine ist der 21-Tage-Prozess und die andere erstreckt sich über längere Zeit und ist sanfter. Hunderte von Menschen haben diese Prozesse durchgemacht und gelernt, wie ohne Nahrung zu leben ist. Nicht alle bleiben dabei, denn ohne Essen zu leben, ist auch ein soziales Problem, es grenzt oft aus. Aber zu wissen, dass es möglich ist, erweitert die Weltsicht und gibt einen riesigen Glaubensschub.

In ihrem Buch „Resonanz" schreibt sie: „Die gesamte Schöpfung wird aus Gedanken geboren, das größere Universum ist von der göttlichen Intelligenz geschaffen worden, während die Dimension, in der wir leben, auch von den Gedanken der Menschen gestaltet worden ist. Die Körper der Menschen funktionieren nur durch die lebenserhaltende Kraft der göttlichen Intelligenz. Gedankenformen sind Energie. Wenn wir positiv denken, wird uns die positive Einstellung durch positive Lebenserfahrung widergespiegelt, wenn wir nicht noch vorher gewisse Lebenserfahrungen durchleben müssen. Es bleibt allerdings immer unsere Entscheidung, ob wir die betreffende Lebenserfahrung als schmerzhaft erfahren oder nicht. Alle Ereignisse lösen je nach unserer Wahrnehmung ein Gefühl aus. Unsere Gefühlsreaktionen können wir in der Weise steuern, wie wir uns entscheiden, ein Ereignis zu betrachten oder zu überdenken."

Betrachten wir noch zwei Fachleute, die auch von der kosmischen Energie leben und keine Nahrung zu sich nehmen.

Doktor Michael Werner, sechzig Jahre alt, Chemiker und Betriebsleiter eines pharmazeutischen Forschungsinstituts in Arlesheim bei Basel. Als Wissenschaftler wollte er am eigenen Leib herausfinden, ob und wie die Lichtnahrung – wie sie von *Jasmuheen* propagiert wurde – funktioniert. Er wollte dies nicht durch Theorien, sondern durch nachweisbare Fakten überprüfen. Seine Erfahrung mit dem 21-Tage-Prozess und auch die Ergebnisse, als er sich unter wissenschaftlichen Bedingungen in einem Basler Krankenhaus testen und untersuchen ließ, veröffentlichte er in dem Buch „Leben durch Lichtnahrung", erschienen im AT-Verlag, Baden und München. Er schrieb unter anderem: „Es geht dabei um nicht weniger als eine radikale Infragestellung unseres einseitigen Weltbildes. Die Frage, kann man leben, ohne zu essen und zu trinken, ist also beantwortet: Ja, man kann! Das geht tatsächlich. Ich habe es selbst gemacht und mache es immer noch. Wie kann so etwas eigentlich gehen? Es ist ganz einfach. Man muss es nur machen, muss es nur zulassen. Eine wichtige Voraussetzung muss allerdings gegeben sein, wenn man sich von den Lichtkräften ernähren will: Man muss daran glauben oder anders und besser gesagt, man muss sich dem öffnen, man muss das Vertrauen dazu haben. Ich kenne inzwischen eine ganze Reihe von Menschen, die den 21-Tage-Prozess gemacht haben, und so weiß ich, dass es wirklich geht. Warum verhungern aber jeden Tag Tausende von Menschen? Allein darum, weil sie davon überzeugt sind, dass sie, wenn sie nicht essen, verhungern."

Doktor med. *Jakob Bösch*, Privatdozent und Chefarzt, schrieb das Vorwort zum Wernerschen Buch „Leben durch Lichtnahrung". Er durchlief ebenfalls den 21-Tage-Prozess und befasste sich hauptsächlich mit dem in alten Gleisen verlaufenden und vorgegebenen Denken. Seine Ausführungen lauteten: „Für traditionell ausgebildete Naturwissenschaftler sind Fälle länger dauernder Nahrungslosigkeit und insbesondere das Fehlen von Flüssigkeitszufuhr auch heute noch ein Ärgernis und eine Provokation, hinter der sie nur Täuschung und unverantwortlichen Umgang mit der eigenen Gesundheit sehen können. Dadurch ist es wohl am ehesten zu erklären, dass dieses wissenschaftlich hochinteressante Phänomen bisher nicht erforscht wurde. Dabei wissen wir spätestens seit der Quantentheorie, dass Licht und Materie im Grunde verschiedene Zustände des Gleichen sind. Und dass die Einflussmöglichkeit des menschlichen Geistes auf belebte und unbelebte Materie wissenschaftlich zweifelsfrei nachgewiesen ist. Es müsste so nicht mehr schwerfallen, die länger dauernde Nahrungs- und Flüssigkeitsabstinenz für prinzipiell möglich zu halten. – Ich selbst habe beinahe meinen Chefarzt-Posten verloren, nachdem bekannt wurde, dass ich den 21-Tage-Prozess durchgemacht und darüber geschrieben habe. Man wollte mich zwingen, öffentlich davor zu warnen und davon abzuraten. Dies hätte allerdings meiner wissenschaftlichen Erkenntnis diametral widersprochen und kam daher für mich nicht infrage. Es spricht für die verantwortlichen Vorgesetzten, dass sie trotz Protesten von Kollegenseite mich schließlich auf meinem Posten beließen. Fast das Eindrücklichste an der ganzen Erfahrung ist für mich die Erkenntnis, dass in unserer scheinbar so aufgeklärten wissenschaftlichen Welt die Offenheit, grundlegende weltanschauliche Ansichten zu überprüfen und infrage zu stellen, gegenüber der Zeit von Galileo nicht zugenommen, wahrscheinlich sogar eher abgenommen hat."

Menschen, die, ohne zu essen und zu trinken, leben, gehen nicht den Umweg über die Tier- und Pflanzennahrung, sie holen sich die benötigte Lebensenergie direkt aus der Umwelt. Durch eine Art Fotosynthese, so ähnlich, wie sie auch Pflanzen anwenden, wandeln sie Prana oder auch Licht in Lebenskraft um. Dieser direkte Weg hat noch den Vorteil, dass Verdauungsenergie gespart und dadurch weniger Lebensenergie benötigt wird. Die Verdauungsorgane werden nicht mehr benötigt, bilden sich zurück und die sie betreffenden Beschwerden verschwinden automatisch.

Dies soll nun nicht bedeuten, dass wir alle aufhören sollen zu essen und zu trinken, denn es schmeckt ja auch gut und ein gemeinsames Essen fördert die Gemeinschaft. Aber es ist schon interessant, die Aussagen von östlichen Meistern und westlichen Wissenschaftlern zu vergleichen. Die Ähnlichkeit ist schon verblüffend!

11. Erwartungshaltung

Erwartung ist die gedankliche Vorwegnahme zukünftiger Ereignisse und die Einstellung hierzu. Die Erwartung kann diffus sein oder eine präzise Vorstellung annehmen. Je nach der Art der erwarteten Ereignisse wird sie von Hoffnung, Furcht oder Ungewissheit begleitet.

In der „Zeichen-Gestalt-Theorie" von *E. C. Tolans* bedeutet Erwartung eine sich allmählich bildende Neigung, auf bestimmte Reize so zu reagieren, als seien diese Reize Zeichen für das spätere Auftreten anderer Reize: „Erfolgserwartung stärkt die Leistungsmotivation, Misserfolgserwartung schwächt sie und führt unter Umständen zu Fehlleistungen und lässt im Extremfall keine leistungsbezogene Handlung mehr zustande kommen." (Duden.)

Die Erwartungshaltung ist also eine Gedanken- und Bewusstseinseinstellung auf ein erwartetes Ereignis, sei es real oder fiktiv. Durch Gedanken wird die Signatur-Ausstrahlung auf diese Vorstellung programmiert und je nach der Stärke und dem Glauben zurückgespiegelt und realisiert.

Eine Erwartung erschafft Realität!

Einige Menschen erwarten zum Beispiel, dass sie – obwohl sie keine Nahrung und Flüssigkeit zu sich nehmen – trotzdem leben werden. Ihre Erwartung wird Realität und sie leben! Die Mehrheit der Menschen erwartet, dass sie – wenn sie nicht essen und trinken – sterben werden. Ihre Erwartung wird Realität und sie sterben!

Eine typische Erwartungshaltung ist auch die Furcht vor einer Erkältung. Das Denken an die Möglichkeit einer Erkrankung wird vom Unterbewusstsein als Wunsch aufgefasst und erfüllt.

Eine weitere Erwartungshaltung ist auch die Furcht vor einer ernsthafteren Krankheit. Wenn in einer Familie eine Krankheit schon mehrere Male aufgetreten ist, so fürchten die Verwandten oft, dass auch sie davon betroffen werden. Und schon erschaffen sie sich durch ihre Gedanken unbewusst die gleichen Beschwerden, bringen sie in die Realität und die Spirale dreht sich weiter.

Bis vor Kurzem wurden, vor allem auf dem Lande, noch Krankheiten „besprochen" und damit eine positive Erwartung geweckt. Oft trat daraufhin eine Besserung ein, denn es wurden so die Selbstheilungskräfte angeregt.

Aber auch echte Erbkrankheiten können durch eine positive und gläubige Erwartung überwunden werden. Es sind dann „Wunderheilungen".

Placebos entfalten ihre guten Wirkungen durch die Erwartung, dass sie helfen. Aber auch bei Medikamenten wird die Wirkung gesteigert und gesichert, wenn eine positive Erwartung dahintersteht.

Erwartungshaltungen zu erzeugen, ist auch eine Methode von Orakeln, Hellsehern, Kartenlegern, Astrologen und allen Voraussagen. Bei den Interessenten wird eine Erwartung auf bestimmte Ereignisse oder Situationen geweckt, die sie dann selbst durch ihr Denken an sie nach den Gesetzen der Signatur – Rückkoppelung – Widerspiegelung herbeiziehen. Vorhersagen, die sich erfüllen, sind in Wirklichkeit ein unterschwelliger hypnotischer Hinweis, den der Interessent durch seine Gedanken unbewusst in die Realität gebracht hat.

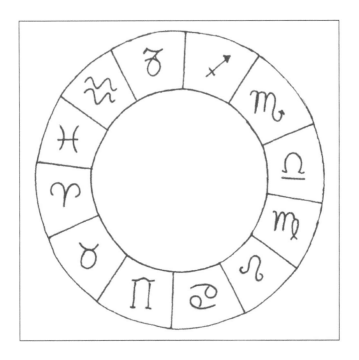

Echte Seher, die wirken, ohne eine Erwartung zu erzeugen, sind sehr, sehr selten.

Voodookulte arbeiten auch mit der Erwartungshaltung. Wenn ihre Schamanen zum Beispiel jemanden verwünschen oder verfluchen, so erwartet und befürchtet diese verfluchte Person, dass dies auch eintritt. Sie identifiziert sich so stark mit dieser Vorstellung, dass sie aufgrund ihrer Gedanken diese Verwünschung selbst verwirklicht. Ja, dass sie auf einen Todesfluch hin erwartet, zu sterben, sich dies so einbildet und vorstellt und dann tatsächlich stirbt.

Auch in Religionen ist die Erzeugung von Erwartungen üblich. Um die Menschen im Sinne der Kirchen zu disziplinieren, wurden zum Beispiel immer wieder Weltuntergänge prophezeit. Schon die Apostel verkündigten dies und gewannen so viele neue Anhänger. Den Menschen wurde und wird eingeredet, dass nur Buße und Folgsamkeit den Priestern gegenüber eine Chance bieten, einem Chaos lebend oder tot zu entkommen. *Lebend* – da devote Gläubige Gott oder die Gottheit versöhnlich stimmen würden und so der Untergang aufgehoben würde. Oder es würden Ufos kommen, die die Gläubigen aufnehmen und auf einen anderen Planeten bringen und so weiter. *Tot* – ein Sündenbekenntnis vor dem Priester und gewissenhafte Ausführung einer auferlegten Sühne würden den Sünder nach dem Tod direkt in den Himmel bringen. Dies führte sogar dazu, dass Sektenmitglieder gemeinsam Selbstmord begingen, um einem katastrophalen Weltuntergang zuvorzukommen.

Den Menschen, so wird gelehrt, erwartet nach seinem Tode entweder der Himmel oder die Hölle, bei den Hindus und Buddhisten auch eine Wiedergeburt. Er erwartet, dass er seinem Leben entsprechend eingestuft wird.

Gläubigen wird suggeriert, dass sie sündige Wesen und nicht fähig seien, ihr Leben selbst zu gestalten, geschweige denn, den göttlichen Willen zu erkennen. Nur ihre Propheten, Priester oder Heilige könnten ihnen in diesen Beziehungen helfen. Es wird eine Erwartung geweckt, die eine Abhängigkeit erzeugt. Es ist eine negative Erwartung.

Christus hingegen versuchte, uns eine fröhliche, eine befreiende Erwartung zu vermitteln. Er macht uns Hoffnung, dass wir vollkommen wie unser Gottvater sein können und dass wir, wenn wir nur richtig denken lernen, genauso schöpferisch sind wie er.

Erwartungshaltungen gibt es überall. Sie werden von Eltern geschaffen, indem sie erwarten, dass ihr Sohn oder ihre Tochter die elterliche Firma übernimmt. Erwartet wird ein bestimmtes Verhalten zwischen Eltern und

Nachkommen. Erwartet wird, dass Kinder schulische Erfolge aufweisen. Erwartet wird von den Politikern, dass sie ihre Wahlversprechen halten und das Wohlbefinden ihrer Wähler bevorzugen. Auch die Börse lebt, genau wie Glücksspiel und Lotto, von Erwartungen.

Ganz übel kann es sein, wenn Erwartungen manipuliert werden. Hier eine Gegebenheit, wie ich sie während meiner Yoga-Lehrer-Tätigkeit erfuhr. Eine Physiotherapeutin, die bei mir Yoga-Unterricht nahm, fragte mich eines Tages, ob eine Patientin von ihr zu mir in den Yoga kommen könne. Sie sei innerlich außergewöhnlich verkrampft und verspannt. Es war eine nette solide Handwerkerfrau und Mutter von Ende zwanzig. Nach einigen Entspannungs- und Atemübungen, die ihr gutgetan hatten, fasste sie Vertrauen und erzählte mir ihre Geschichte: Sie litt unter ständigen Nackenschmerzen, war von Arzt zu Arzt gegangen und keiner hatte sie davon befreien können. Ein Orthopäde empfahl ihr dann, zu einem bestimmten Heilpraktiker zu gehen. Dieser schlug eine sogenannte Rückführung in ein vergangenes Leben vor, da dort die Ursache für ihr Leiden zu finden sei. Die Frau, nennen wir sie Edith, willigte ein, da sie ihre Schmerzen endlich loswerden wollte. Sie musste sich auf eine Couch legen und der Heilpraktiker versuchte, sie in Trance zu versetzen. Es klappte aber nicht. Trotz mehrerer Sitzungen, die immer Geld kosteten, konnte sie sich nicht an ein früheres Leben erinnern. Schließlich hatte Edith genug von den erfolglosen Bemühungen des „Heilers" und tischte ihm eine Geschichte auf, die sie im Fernsehen gesehen hatte. Einen Western. Sie berichtete, sie sei eine Indianerin und lebe im Wigwam eines Dorfes. Der Heilpraktiker stellte Fragen, die sie wie im Film gesehen beantwortete. Die letzte Frage lautete: „Was für eine Farbe hatte Ihr Kleid?" – „Rot", antwortete sie.

„Jetzt ist alles klar", jubelte der Therapeut, „Sie waren in diesem vergangenen Leben eine Mörderin. Und diese Schuld lastet auch heute noch auf Ihrem Nacken und bereitet die Schmerzen." Edith war geschockt, sie eine Mörderin? Aber die Schmerzen in ihrem Nacken deuteten doch auf diese Schuld hin. Dem Heilpraktiker gelang es, ihr den vermeintlichen Mord so einzureden, dass sie schließlich daran glaubte und in Erwartung, er könne ihr helfen, einer teuren Therapie zustimmte. Jetzt war sie reif und wurde finanziell ausgenommen. Als das Geld der Familie aufgebraucht war, konnte sie die Sitzungen, die außer einer Hoffnung nichts mehr brachten, nicht mehr bezahlen und der Heilpraktiker weigerte sich, sie weiter zu empfangen. In ihrer Verzweiflung flehte sie, ob sie ihn nicht wenigstens ab und zu anrufen könnte. Auch dies

verweigerte er. Daraufhin wollte sie sich selbst umbringen, da sie meinte, mit dieser Schuld nicht mehr leben zu können. Nur die Intervention ihres Mannes, der sie auf ihre Verantwortung ihm und ihren Kindern gegenüber hinwies, hielt sie davon ab. Sie wurde aber arbeitsunfähig und verlor ihren Job. In diesem Zustand kam sie zu mir. In langen Gesprächen konnte ich ihr klarmachen, dass man doch von einer erfundenen Geschichte keine Rückschlüsse auf ein angeblich früheres Leben ziehen könne. Diese Gesichtspunkte akzeptierte sie dann und so konnten mit Yoga auch ihre Verspannungen gelöst werden und die Schmerzen vergingen. Sie wurde wieder arbeitsfähig und führt heute ein gutes und zufriedenes Leben mit ihrer Familie.

Erwartungen sitzen in uns seit alters her fest und werden von Generation zu Generation weitergegeben. Sie sind Bestandteil unserer Kultur, unserer Religion und unseres Lebens geworden und es ist äußerst schwer, falsche Erwartungen zu erkennen und sich davon zu lösen. Aber für einen Menschen, der sein Schicksal selbst gestalten möchte und nicht mehr vom blind waltenden Zufall sowie anderen Menschen abhängig sein will, ist geistige Unabhängigkeit unabdingbar.

Zum Schluss sei noch eine Spekulation erlaubt. Da wir fähig sind, unser Schicksal selbst zu gestalten, sind wir dann auch fähig, zu bestimmen, was nach dem leiblichen Tod mit uns geschieht? Erschaffen wir mit einer Erwartung uns selbst das Paradies, das Fegefeuer und die Hölle?

12. Placebo und Nocebo

Placebo ist eine Positiv-Suggestion – *Nocebo* ist eine Negativ-Suggestion.

Eine Erwartungshaltung in puncto Gesundheit oder Krankheit löst nach den neuesten Erkenntnissen der Medizin einen biologischen Mechanismus aus. Es ist also keine Einbildung, sondern ein biologischer Prozess im Körper, der durch die Gedanken in Gang gesetzt wird.

Placebo: Durch eine positive Erwartung wird in Gehirn und Körper eine Stoffwechselveränderung ausgelöst. Dies geschieht schon im psychosozialen Umfeld, wenn der Kranke hofft, der Arzt, Heilpraktiker oder Physiotherapeut werde ihm helfen. Durch Scheintherapien, bei denen Placebos verabreicht werden, können dann wirkliche Heilungen stattfinden.

Die Medizin hat diesen Vorgang genauestens untersucht und weiß, wie und wo Placebos biologisch wirken.

Das Gehirn veranlasst die Ausschüttung von Endorphinen, das sind opiumähnliche Glücksbotenstoffe, die auch das Schmerzempfinden herabsetzen. Ein weiterer Botenstoff, das Dopamin, kommt hinzu und bewirkt eine zuversichtliche Stimmung. Auf der Körperebene wirkt der Placeboeffekt durch die Ausschüttung von Hormonen und Cortisol, die auch das Herz und die Atmung positiv beeinflussen.

Nach den neuesten wissenschaftlichen Studien kommt zu dem Placeboeffekt noch die Konditionierung des Körpers hinzu. Konditionierung ist die unbewusste Reaktion auf bestimmte Reize wie Gerüche, Geräusche, Farben,

Formen und auch Tabletten und Spritzen. Die Erwartungshaltung und Konditionierung entsprechen den Erfahrungen des Menschen.

„Der Placeboeffekt ist ein Lernphänomen", wie der Placebo-Forscher *Doktor Fabrizio Beneditti* aus Turin erklärt: „Je mehr positive Erfahrungen man macht, desto stärker ist die positive Placebo-Antwort."

Diese Konditionierung des Körpers findet auch bei Tieren statt.

Nocebo: Durch eine negative Erwartung wird im Gehirn und Körper, ähnlich wie beim Placeboeffekt, aber natürlich entgegengesetzt, eine Veränderung vorgenommen. Befürchtungen und Ängste bewirken eine negative Suggestion. Ein Noceboeffekt entsteht! Schon aufgrund einer gewissen Ängstlichkeit wird durch die Darmschleimhaut der Botenstoff Cholecystokinin ausgeschüttet, der im Gehirn eine Schmerzreaktion verursacht. (Volksmund: Angst schlägt sich auf den Magen.) Im Hirn entstehen diametrale Neurotransmittermuster und es werden weniger Opioide und Dopamine ausgeschüttet, mit für einen Patienten eventuell katastrophalen Konsequenzen.

Der Noceboeffekt kann durch „Cyberchondrie", wie das neue Phänomen, das aus dem Internet kommt, bezeichnet wird, wesentlich gesteigert werden.

Massenhaft prasseln ungefiltert medizinische Informationen auf den Benutzer. Er ist dadurch nicht in der Lage, einzuschätzen, ob die Informationen richtig oder falsch sind, ob sie auf ihn zutreffen oder nicht. Und so wird für ängstliche Menschen schnell aus einer harmlosen Indisposition eine schwere Krankheit. Die Spirale

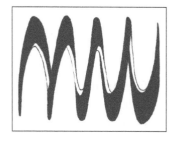

beginnt sich zu drehen, denn der Betroffene wird ihre Symptome im Netz immer wieder aufrufen und interpretieren. Die sorgenvolle Beschäftigung mit der Krankheit bewirkt deren Existenz. „Die Angst vor einer Krankheit verschlimmert die Symptome tatsächlich", erklärt *Professor Nutzinger* von der Psychosomatischen Klinik Bad Bramstedt.

Auch wenn eine Krankheit schon öfter in einer Familie vorgekommen ist, so ist dies für die Mitglieder eine starke Prägung, die sogar den Noceboeffekt auslösen kann. Sorgenvolle und ängstliche Menschen beschäftigen sich mit ihrer „Familienkrankheit" und fürchten, dass sie auch bei ihnen ausbrechen könnte. Sie lauern förmlich auf die ersten Symptome und werden ungehalten über Ratschläge, die sie von der negativen Erwartungshaltung befreien könnten. Treten dann Beschwerden auf, die sie mit den in der Familie schon vorgekommenen Krankheiten in Verbindung bringen können, so ist dies eine Bestätigung ihrer Befürchtungen und der Noceboeffekt verstärkt sich gewaltig.

Quintessenz: Viele, viele Menschen machen sich selbst krank und bringen sich sogar zu Tode! Diese Fibel will helfen, den Nocebo- in den Placeboeffekt umzuwandeln. Erwartungen, egal, ob negativ oder positiv, sind starke Kräfte, die durch die Signatur – Rückkoppelung – Widerspiegelung freigesetzt werden. Sie sollten ständig kontrolliert werden.

13. Geschichten – Märchen – Sagen

Betrachten wir das Genre der Geschichten, Märchen und Sagen genauer, so erkennen wir, dass in ihnen seit alters her geheimes Wissen versteckt und weitergegeben wurde. Märchen sind doch oft so drastisch und brutal, dass sie sich wirklich nicht für Kinder eignen. Allein dies zeigt, dass viele für Erwachsene als Informationsquelle und Lernhilfen gedacht waren. In der Zeit, als die Märchen und Sagen von Mund zu Mund gingen, war es nicht erlaubt, eine andere Meinung zu haben und sie zu äußern als die, die von der Obrigkeit und damit der Allgemeinheit vorgegeben war. Wissen, das da nicht hineinpasste, musste darum geheim gehalten und zur Weitergabe verklausuliert werden. Geschichten mit einem märchenhaften Inhalt, die von oberflächlich Denkenden nicht ernst genommen wurden, eigneten sich hierzu am besten.

So ist es verständlich, dass das Geheimnis der SRW in einigen Märchen und Sagen ersichtlich wird. In ihnen wird oft darauf hingewiesen, wie wichtig es ist, die Wünsche richtig und präzise zu formulieren, und wie gefährlich es sein kann, etwas Negatives zu wollen. Denn auch hier werden alle Wunschgedanken durch die Widerspiegelung verstärkt zurückgeworfen und treffen den, der sie ausgesendet hat. Im Märchen sind die Fehler beim Wünschen und deren Folgen leicht zu erkennen.

In den Märchen und Sagen ist immer jemand da, der die Wünsche erfüllt. Eine Fee, ein Geist, ein Engel, ein Gott, das Universum, eben etwas, das sich ein Mensch vorstellen kann. Dass es der Mensch im Endeffekt selbst ist, der erschafft und gestaltet, wird nur in den seltensten Fällen klar. Dieses Wissen ist supergeheim und äußerst schwer zu vermitteln.

Ein in dieser Hinsicht typisches Märchen ist die Geschichte vom „Fischer und seiner Frau".

Ein armer Fischer fängt nach langer Zeit einen großen Steinbutt. Dieser verspricht ihm, all seine Wünsche zu erfüllen, wenn er ihn wieder freilässt. Der Fischer glaubt dem Butt, geht auf den Handel ein und lässt ihn frei. Als er ohne Fang nach Hause kommt und seiner Frau sein Erlebnis berichtet, wird sie böse, beschimpft ihn als Lügner, der nur zu dumm zum Fischen sei, jagt ihn wieder ans Meer und er solle ja nicht, ohne etwas zu essen dabeizuhaben, zurückkommen. Zerknirscht geht der Fischer wieder ans Wasser und ruft nach dem Butt:

„Manntje, Manntje, Timpe Te,
Buttje, Buttje in der See,
myne Frau de Ilsebill
will nich so, as ik wol will."

Der Fisch erscheint und fragt nach den Wünschen des Fischers. Zaghaft bittet dieser um etwas Nahrung. Schwuppdiwupp, steht ein Korb mit lauter Köstlichkeiten vor ihm. Nachdem der Fischer und seine Frau sich satt gegessen haben, wird sie wieder unzufrieden und schilt ihren Mann, wenn er doch so einen Wunderfisch kenne, warum er nicht gleich neue schöne Kleider gewünscht und mitgebracht habe. Der Mann muss wieder ans Meer und die Garderobe besorgen. Die Frau wird immer unersättlicher und immer unzufriedener. Der Butt besorgt Geld, Grund und Boden, Häuser und Titel, ja, am Ende wird sie sogar König und Papst. Als die Frau aber vom Butt fordert, sie wolle Gott persönlich sein, überzieht sie und beide sind wieder so arm wie zu Anfang.

Der Wunsch, eine andere, bereits existierende Person zu werden oder zu sein, ist nicht möglich! Wenn Gott als „Person" existiert, so kann ein Mensch nur wie Gott werden, mit ihm vernetzt sein, aber nicht an seiner Stelle. Der Mensch als Geschöpf Gottes kann allenfalls wie Gott sein, er ist dann ein Teil der Gottheit. Gott ist in ihm und er ist in Gott – so wie es uns Jesus Christus lehrte.

In der Geschichte von „Aladin und der Wunderlampe" erfahren wir, wie beim bedächtigen und überlegten Anwenden von Wünschen aus einem Nichtsnutz ein guter König werden kann. Hier ist es der Besitz und das Reiben einer Öllampe, das einen an die Lampe gebundenen Geist aktiviert, der dann dem Besitzer der Lampe alle materiellen Wünsche erfüllt. Am Ende des Märchens wird berichtet, dass der Geist einen unsinnigen Wunsch Aladins nicht erfüllt, weil die Erfüllung alles bisher Erschaffene wieder zunichtegemacht hätte. Aladin hatte in guter Absicht einen von ihm aus nicht übersehbaren Wunsch geäußert, dies und sein gutes Gemüt veranlassten den Geist, ihn durch Nichterfüllen seines Wunsches zu retten.

Resümee:
Beim Wünschen auch immer im Sinne haben, dass nur positive Gedanken sich verwirklichen mögen und nur das, was für mich und auch andere gut ist, in die Realität kommt.

14. Amulette – Talismane – Glücksbringer

Sie wirken, wenn der Besitzer daran glaubt. Durch sein Denken an sie wird seine Signatur – Rückkoppelung – Widerspiegelung aktiviert und setzt dadurch Kräfte frei, die das bewirken, was er glaubt. Energien, die er selbst erzeugt und unbewusst einem Amulett, Talisman oder anderen Glücksbringern zuordnet, können durch ihren erdachten Schutzmechanismus verhindern, dass er, zum Beispiel, zur falschen Zeit am falschen Ort ist, und so vielleicht einen Unfall vermeiden.

Resümee:
Das Wohlergehen an Amulette oder Talismane zu koppeln, ist aber risikoreich, sie können verloren gehen und es entsteht dann die Befürchtung, dass nun der erdachte Schutz ebenfalls verloren gegangen ist. Und dies zu Recht, denn die negativen Gedanken erzeugen negative Ergebnisse. Der direkte und sichere Weg ist, wenn ein Mensch sich zwecks Schutz unmittelbar an eine ihm genehme Instanz wendet und glaubt, dass ihm Gott, ein Heiliger, ein Schutzengel und so weiter hilft.

15. Heilige und Schutzpatrone

Sie helfen und beschützen Gläubige. So lehren es die Kirchen. Ein Papst als Oberhaupt der katholischen Kirche bestimmt, wer selig- oder heiliggesprochen wird. Voraussetzung dafür ist, dass jemand für menschliche Begriffe zu Lebzeiten oder auch nach seinem Tode Wunder bewirkt hat. Das legitimiert, dass zu ihm gebetet wird und Wünsche vorgetragen werden. Heilige sind für die verschiedensten Belange zuständig. Schutzpatrone sollen vor Schaden und Unfällen bewahren, wie der heilige Uller die Skifahrer, der heilige Christophorus die Autofahrer, die heilige Barbara alle, die mit Sprengstoff zu tun haben, wie Bergleute und Soldaten der Artillerie, der heilige Antonius, der bei der Suche nach Verlorenem hilft und als Dankbarkeit eine Kerze erwartet, der heilige Florian, der für den Feuerschutz sorgen soll und zu dem Pragmatiker beten: „Heiliger Sankt Florian, verschon mein Haus, zünd andre an."

Auch bei der Hinwendung zu Heiligen mit der Bitte um Hilfe wird durch das Denken des Bittstellers seine Signatur-Ausstrahlung in Gang gesetzt und durch die Rückkoppelung und Widerspiegelung werden seine Gedanken verstärkt und dadurch die Erfüllung der Bitte realisiert. Für den Gläubigen werden es aber die Heiligen sein, die geholfen haben. Die Hinwendung an eine begreifbare Person ist am Anfang auch viel leichter als die Vorstellung, ein Anliegen an ein unbegreifliches Universum zu richten. Im Endeffekt ist es egal, an wen der Wunsch gerichtet ist und wer ihn erfüllt. Es ist immer die göttlich-kosmische Schöpfungsenergie, die durch das Denken aktiviert und durch den Glauben daran realisiert wird!

16. Aberglaube

Der Aberglaube ist auch heute noch weitverbreitet. Seit Urzeiten fürchten sich viele Menschen vor Dämonen und Teufel sowie der Schwarzen Magie. Unerklärliche Naturphänomene, Krankheiten, Eskapaden eines übellaunigen Schicksals wurden damals, wie auch oft noch in der Jetztzeit, den Hexen, böswilligen Geistern und dem Satan zugeordnet.

Priester und Propheten aller Couleur schürten diese Ängste und suggerierten gleichzeitig, dass nur sie helfen könnten. Sie erfanden Schutzzeichen und Schutzsymbole, sie veranstalteten Krankheits- und Teufelsaustreibungen. Dies gab ihnen eine ungeheure Macht über Menschen. Auch heute noch werden von der katholischen Kirche Exorzisten ausgebildet und böse Geister aus Besessenen ausgetrieben. Sogar Satan ist noch im Gedankengut der Priester allgegenwärtig.

Im Laufe der Zeiten entstanden so auch die schlechten wie guten Vorzeichen. Die Menschen glaubten, dass sie ihr Schicksal beeinflussen könnten, wenn sie sich danach richten würden. Ein schlechtes Vorzeichen ist, wenn eine schwarze Katze den Weg kreuzt, da ist es besser, man kehrt um und nimmt einen anderen Weg. Auch morgens mit dem linken Bein zuerst aus dem Bett aufzustehen, bringt für den ganzen Tag Ärger und Verdruss. Ebenso sollte man nicht unter einer an der Wand stehenden Leiter durchgehen, das könnte Unglück bringen. – Eigentlich logisch, es könnte ja jemand auf ihr stehen und gerade in diesem Augenblick einen Gegenstand fallen lassen. Messer und Scheren dürfen niemals verschenkt werden, denn sie zerschneiden die Freundschaft. Freitag der 13.

ist für viele Menschen der vorprogrammierte Unglückstag und die Zahl 666 ist dem Teufel zugeordnet.

Eine nette und witzige Geschichte zeigt das schlechte Omen von verschüttetem Salz: Ein Paar sitzt beim Essen. Versehentlich stößt er den Salzstreuer um und ein wenig Salz landet auf dem Tischtuch. Sie fährt hoch: „Du hast Salz verschüttet, das bedeutet Streit!" – „Quatsch", meint er, „das ist Aberglaube." – „Nein", antwortet sie, das Salz mit dem Löffel zusammenkratzend, „das ist kein Aberglaube, das ist erwiesen." – „Unsinn", knurrt er, „dass du auch auf allen Blödsinn hereinfällst." – „Das ist kein Blödsinn, du Banause", faucht sie, „das ist menschlicher Erfahrungsschatz. Du solltest dies mal zur Kenntnis nehmen und nicht so stupid in den Tag hinein leben." – „Ach, lass mich doch in Ruhe, du blöde Kuh", gibt er lautstark zurück. – „Du stupider Ochs", keift sie nun, „dir kann man sagen, was man will, es ist gerade so, wie wenn man dir ins Horn petzt." – „Du bist nicht nur blöd", brüllt er, „sondern auch die Sklavin von Fantastereien." Wütend stürmt er aus dem Raum und knallt die Tür hinter sich zu. – Sie sitzt am Tisch, die Fäuste geballt, und raunt: „Hab ich's doch gewusst, Salzverschütten bringt Streit!"

Auch an guten Vorzeichen mangelt es nicht. Dies zeigt der Spruch: „Schäfchen zur Linken, tut Freude dir winken." –

Wenn sie denn dort entdeckt wurden. Sind die Schäfchen aber rechts, so sagt der Optimist: „Das ist auch etwas Gutes." Glück bringt auch das Anfassen eines Schornsteinfegers und besonders viel davon hat derjenige, der ein vierblättriges Kleeblatt findet.

Auch hier wirkt das Gesetz der Signatur – Rückkoppelung – Widerspiegelung. Die Menschen denken an die vorgegebenen Vorzeichen und durch ihr Denken entsteht Realität. Die Vorzeichen haben sich bewahrheitet und so wird der Aberglaube gefestigt.

17. Opfer

Ein Opfer wird meistens einer spirituellen Macht, persönlichen Gottheiten oder vergöttlichten Ahnen dargebracht und findet rituell zu festgelegten Zeiten und an heiligen Orten statt.

Die Intentionen der opfernden Menschen sind sehr unterschiedlich. Es gibt das Bittopfer, das die Erfüllung von Wünschen durch eine Gottheit erstrebt. Das Dankopfer steht für empfangene Segnungen und Hilfen. Das Sühneopfer wird dargebracht, um den Zorn eines Naturgeistes oder Gottes zu besänftigen. All diese Opferungen können entweder mit Gegenständen, Naturalien oder auch Blut vollzogen werden. Zu den Letzteren zählen die Tier- sowie die Kinder-, Jungfrauen- und Kriegsgefangenenopferungen.

Ferner gibt es das Selbstopfer, bei dem sich ein Mensch für einen bestimmten Zweck selbst hingibt.

Das Totenbegleitopfer war in grauer Vorzeit üblich. Hierbei wurden einem ranghohen Führer seine Lieblingstiere, Diener und Angehörige mit ins Grab gegeben. Die lange Zeit im hinduistischen Indien üblichen Witwenverbrennungen bei lebendigem Leib fallen auch in diese Rubrik.

Der Buddhismus, eine in Indien entstandene Lehre und spätere Religion, lehnte hingegen ein Opfer entschieden ab.

Mit dem Kreuzestod von Jesus Christus, der ja von seinem Vater für die sündige Menschheit geopfert wurde, sind die Menschenopfer der Bibel abgeschlossen. Heutzutage werden nur noch Pflanzen und Früchte, wie zum Beispiel beim Erntedank, dargebracht.

Bei den Teilnehmern an einer Opferhandlung werden besonders starke Emotionen geweckt und dementsprechend stark sind dann auch die gleich gerichteten SRW-Ausstrahlungen. Erfolge bei den Bittopfern sind dadurch nichts Außergewöhnliches, beruhen aber auf der gemeinsamen Geisteskraft der Opfernden.

Gottvater braucht eigentlich keine Opfergaben, denn er hat und ist ja alles. Geistige Dankbarkeit und das Streben nach der Einheit mit ihm sind viel wichtiger.

18. Rituale und Symbole

Ein *Ritual* ist eine standardisierte, individuelle oder kollektive Abfolge einer Handlung. Die festgelegte Ordnung bildet durch ihre ständige Wiederholung im Gehirn ein Neuronenmuster, welches dann bewirkt, dass ein Mensch, der öfter einem Ritual beiwohnt, schneller und effektiver vom jeweiligen Ritual beeindruckt wird. Es entsteht eine Verhaltensstabilisierung und Motivation. Vor allem Mysterienbünde, Kirchen und Diktaturen arbeiten gerne mit Ritualen, denn sie gewinnen so einen starken Einfluss auf die Teilnehmer, diese wiederum werden durch ihr Neuronenmuster gedrängt, am Ritual teilzunehmen.

Eine Religion oder Gemeinschaft ist nur dann gut, wenn sie keinen Machtmissbrauch betreibt.

Ein *Symbol* ist ein Zeichen beziehungsweise Sinnbild, das auf etwas Bestimmtes hindeutet. Es kann dies eine Handlung oder etwas Gedachtes und Geglaubtes sein. Das Symbol fasst ganze Gedankenabläufe zusammen und kann durch seine Anschaulichkeit Abstraktem eine gemeinverständliche Form geben. Es erklärt, kann aber auch verhüllen, sodass nur Eingeweihte seinen Sinn und seine Bedeutung erfassen können, auch erhöht es so das Gemeinschaftsgefühl.

Unser Leben ist von Symbolen durchdrungen, denn überall stoßen wir auf sie. Viele stürzen sich förmlich auf uns in Form von Firmen-, Parteien- und Handwerkerlogos sowie Werbezeichen und Sprüchen.

Auch in Religionsgemeinschaften begegnen sie uns ständig, wie das Kreuz und der Altar im Christentum, der Davidstern, die Menora bei den Israeliten, der Halbmond im Islam, das Rad der Wiedergeburt im Buddhismus, das alles sehende Auge Gottes und so weiter.

Ein Symbol ist oft mit einem Ritual verflochten.

19. Praxis

Grundeinstellung und Basiswissen

Durch unser Denken erschaffen und gestalten wir unser Schicksal! Wir erzeugen Realität.

Das Naturgesetz der Signatur – Rückkoppelung – Widerspiegelung ist neutral. Es wirkt, ob wir uns dessen bewusst sind oder nicht.

In dem Augenblick, wo wir denken, erschaffen wir eine Signatur. Sie strahlt von unserem Gehirn aus und ein Kreislauf der Gedanken beginnt.

Gute Gedanken erzeugen gute Gefühle.
Gute Gefühle fördern gute Gedanken.

Schlechte Gedanken erzeugen schlechte Gefühle.
Schlechte Gefühle fördern schlechte Gedanken.

Resümee:
Gedanken und Gefühle wirken aufeinander.

Zufriedenheit	>	Positive Gedanken	>	Positive Ausstrahlung	>	Feedback
Erfolg, Glück						Rückkoppelung
Gesundheit	<	Positive Gefühle	<	Positive Verstärkung	<	Widerspiegelung
			oder			
Depression	>	Negative Gedanken	>	Negative Ausstrahlung	>	Feedback
Pech, Unglück						Rückkoppelung
Krankheit	<	Negative Gefühle	<	Negative Verstärkung	<	Widerspiegelung

An guten oder schlechten Gefühlen können wir erkennen, ob wir positiv oder negativ denken.

Über die Gefühle können wir unsere Gedanken kontrollieren.

Schlechte Gefühle sollten wir verscheuchen, indem wir uns selbst etwas Gutes tun, etwas, das uns Freude macht und unsere Stimmung hebt, damit wir wieder gute Gedanken aussenden, die dann als das verstärkte „Gute" zu uns zurückkommen!

Positives Denken

Zuerst müssen wir uns von der Tendenz lösen, dass auf Erden das Schlechte und Böse vorherrscht, so wie es uns das Radio, das Fernsehen und die Presse vorgaukeln. Gute Nachrichten sind nicht so spannend, erzeugen auch weniger Aufmerksamkeit und spülen damit weniger Geld in die Kassen der Medien. Also werden die sensationellen Berichte bevorzugt.

Das Denken an oder über negative Nachrichten erzeugt bei uns selbst eine negative Ausstrahlung der Signatur mit all den schlechten Auswirkungen.

Das Negative also erst gar nicht in unser Inneres hineinlassen, sondern überlegen, wo auch in ihm etwas Positives sein könnte, und dieses dann kultivieren.

Positives Denken ist aber oft nur vermeintlich positiv und so wollen wir uns diese Fallstricke einmal ansehen und lernen, sie zu vermeiden.

Vermeiden müssen wir alle negativen Begriffe im Reden und Denken. Auch dann, wenn sie durch ein zusätzliches Wort ins vermeintlich Positive gedreht werden.

So ist es falsch,
zu sagen oder zu denken: Ich bin *nicht* krank.
Es muss heißen: **Ich bin gesund,** oder:
Ich werde gesund.

Falsch ist auch: Ich bin *nicht* schwach.
Richtig ist: **Ich bin stark.**

Falsch ist auch: Ich bin *nicht* traurig.
Richtig ist: **Ich bin fröhlich.**

Falsch ist auch: Mir geht es *nicht* schlecht.
Richtig ist: **Mir geht es gut.**

Das Unterbewusstsein und damit auch die Ausstrahlung können nur mit klaren und deutlich definierten Hauptbegriffen etwas anfangen. Unklarheiten können vom Gewollten das Gegenteil herbeiführen.

Das Unterbewusstsein muss darum richtig programmiert werden, damit es auch erwartungsgemäß wirken kann.

Programmiermethoden

1.
Die Programmierung erfolgt mit und durch das Einatmen.
Die Festsetzung erfolgt mit und durch das Ausatmen.

Beim Einatmen wird Lebensenergie aufgenommen, die die dabei gedachten Vorsätze ins Unterbewusstsein bringt.

Also: Tief und ruhig ein- beziehungsweise ausatmen und zum Beispiel dabei denken und sich vorstellen:

Mit dem Einatmen: Mir geht es gut und ich bin zufrieden.

Mit dem Ausatmen: So ist es.

Beim nächsten Einatmen wieder der gleiche Text zur Programmierung und beim nächsten Ausatmen wieder der gleiche Text zur Bestätigung.

Es ist wichtig, dass mindestens dreimal der gleiche Text wiederholt und verwendet wird, damit das Unterbewusstsein ihn auch verstehen und registrieren kann. Die ganze Prozedur sollte ab und zu wiederholt werden, um die Vorstellungen dauerhaft zu verankern.

Einige Beispiele:

Einatmen: „Ich bin gesund."
Ausatmen: „So ist es."

Einatmen: „Ich bin stark."
Ausatmen: „So ist es."

Einatmen: „Ich bin ein Schöpfer."
Ausatmen: „So ist es."

2.

Die Programmierung muss bei schwerer Krankheit oder starken Schmerzen anders erfolgen, denn sie sind ja tatsächlich vorhanden. Das Unterbewusstsein wird in diesen Fällen eine Aussage wie „Ich bin gesund" oder „Mir geht es gut" als nicht relevant ignorieren. (Ausgenommen sind Fälle, wo der Glaube so stark ist, dass die Gesundheit sofort wiederhergestellt wird.) In den normalen Situationen muss die Selbstbeeinflussung zuerst auf die Linderung und Besserung der Beschwerden gerichtet sein.

Beim Einatmen wählen wir darum die Worte wie: „Mir geht es von Tag zu Tag (oder Stunde um Stunde) immer besser und besser!", auch: „Mir geht es von Tag zu Tag in jeder Hinsicht immer besser und besser!"

Beim Ausatmen bestätigen wir: „So ist es!"

Während wir beim Einatmen diese Sätze denken oder auch leise sprechen, muss uns auch bewusst sein, dass wir mit jedem Atemzug außer der Atemluft auch Prana, die feinstoffliche Lebenskraft, aufnehmen. Wir stellen uns dabei vor, dass wir die uns von allen Seiten umgebende kosmische Energie bei jedem Atemzug direkt durch die Haut ohne den Umweg über die Lunge in den Krankheitsherd einziehen und sie so die Gesundung bewirkt.

Erwünschen, Erbitten und Erhalten

Aktives Erwünschen und Erbitten setzt den Glauben voraus, dass wir das Gewünschte auch erhalten.

Es stellt sich aber die Frage, an wen oder an was wenden wir uns mit der Bitte um Erfüllung des Wunsches? Gibt es bestimmte Regeln für den Wunsch? Werden alle Bitten erfüllt?

Die Servicestelle, an die wir uns wenden müssen, muss ein Energiezentrum sein, das in der Lage ist, zu erschaffen.

Für gläubige Menschen sind es Gottheiten, die die entsprechenden Kompetenzen haben. Christen wenden sich an Gottvater oder Jesus Christus, der immer wieder erklärt hatte: „Alles, was ihr bittet in eurem Gebet, glaubt nur, dass ihr's empfangen werdet, so wird's euch werden." Auch einige Heilige und Engel können Wünsche erfüllen, wenn sie in ihren Zuständigkeitsbereich fallen, oder sie an die richtige Stelle weiterleiten.

Angehörige anderer Religionen wenden sich an ihren Gott oder ihre Gottheiten. Naturgläubige sprechen mit ihren Naturgeistern. Wieder andere tragen ihr Anliegen dem Kosmos oder dem Universum vor. Fortgeschrittene erschaffen selbst mithilfe der Universalenergie.

1. Regel:
Nur etwas wünschen, das wirklich niemand anderem schadet, ihn beschränkt oder beeinträchtigt!
Wünsche sind Gedanken, sie werden durch die Rückkoppelung und Widerspiegelung verstärkt zum Aussender zurückgeworfen. Gedanken, die negativ, schlecht und böse sind, sind es somit erst recht für denjenigen, der sie gedacht hat. Dies gilt auch für alle unbewussten Gedanken.

2. Regel:
Beim Erwünschen und Erbitten immer auf die Auswirkungen achten!
Eine witzige Geschichte mag dies verdeutlichen: Es war einmal ein Ehepaar, beide waren fünfzig Jahre alt. Für eine gute Tat erhielt der Mann von einer Fee einen Wunsch frei. Er überlegte, wie schön es sei, wenn seine Frau zwanzig Jahre jünger wäre als er. Und so wünschte er sich einen Altersunterschied von zwanzig Jahren. Schwupp, war er siebzig Jahre alt. Der Wunsch war erfüllt worden, aber sicher nicht in seinem Sinne.

3. Regel:
Jedem Wunsch eine Schutzfunktion beifügen!
Dies bedeutet, das Erbetene möge nur in die Realität kommen, wenn es für mich auch gut ist und niemand anderem schadet.

Auch hier einige Erläuterungen: Wer sich eine bestimmte Wohnung oder ein bestimmtes Haus wünscht, ohne an eine Schutzklausel zu denken, dem kann der spezielle Wunsch erfüllt werden. Es liegt aber nicht fest, ob das Erbetene auch in Ordnung ist. Ist das Eigenheim vielleicht ungesund, birgt es einen Schwamm, gibt es böse Nachbarn, entsteht vor der Haustür ein Verkehrsknotenpunkt, droht eine Gasexplosion, geht die Hypothekenbank pleite oder kommen irgendwelche Altlasten ans Tageslicht?

All dies kann man ausschließen, wenn man beim Erbitten des Eigenheims auch bittet, der Wunsch möge nur dann in die Realität kommen, wenn er in jeder Hinsicht für mich auch gut ist und niemandem sonst schadet. Es könnten zwar alle Unbilden beim Erbitten ausgeschlossen werden, es würde aber sicher etwas übersehen werden und dann wäre der Schlamassel doch da.

Auch wenn sich ein Single einen Partner wünscht, sollte die Hauptbitte sein: „Er möge in jeder Hinsicht zu mir passen." Und nicht einige Attribute vorziehen, die anderen könnten ganz schnell die Partnerschaft unmöglich machen.

Die Schutzfunktionen können das ganze Leben betreffend ausgeweitet werden. Wenn wir zum Beispiel wünschen, dass nur das für uns wirklich Gute und Zweckmäßige verwirklicht werden soll, so müssen wir daran glauben und das Schlechte und Nachteilige wird wegbleiben. Es kann aber durchaus vorkommen, dass etwas negativ beginnt, sich aber dann ins Positive dreht und im Endeffekt auch so bleibt.

Schutzfunktionen erfordern aber einen starken und unbeirrbaren Glauben, denn dadurch, dass sie manches Mal Wünsche nicht durchlassen und manches Mal etwas ungut beginnt, entstehen leicht Zweifel und die sind unbedingt zu vermeiden. Nur der Glaube versetzt Berge!

4. Regel:

Einen Wunsch oder eine Bitte nicht wiederholen: Dies würde von Zweifel zeugen und das Erwünschte oder Erbetene kann dadurch nicht in die Realität kommen! Jesus, unser Lehrmeister, wies immer wieder darauf hin, dass der kleinste Zweifel einen Wunsch zunichtemacht. Er sagt: „Wahrlich, ich sage euch, wenn ihr Glauben habt und nicht zweifelt, so wird's geschehen." (Mt. 21,21.) Oder wie er zu Petrus sprach, als dieser, seiner Aufforderung folgend, über das Wasser schritt und dann durch einen Wind Zweifel bekam und zu versinken drohte: „O du Kleingläubiger, warum zweifelst du?" (Mt. 14,31.)

Also: Nach dem Artikulieren eines Wunsches diesen nicht wiederholen, sondern an die Wunscherfüllung glauben und dankbar sein, dass er sich verwirklicht. Aber auch dann nicht zweifeln, wenn die Realisierung etwas länger dauert oder gar die Schutzfunktion greift und die Erfüllung verhindert.

Erschaffen und Erglauben

Jeder Mensch erschafft durch sein Denken sein eigenes Schicksal, ebenso seine eigene Welt im großen Universum. Sein Denken bestimmt sein Handeln und damit auch seine Beziehung zu anderen Menschen, seiner Umwelt und der Natur.

Ist sich ein Mensch bewusst, dass er durch sein Denken seine Signatur-Ausstrahlung lenken kann, so hat er zwei Möglichkeiten, seine Bedürfnisse zu realisieren. Einmal, indem er sich an ein Servicezentrum mit der

Bitte um Erfüllung wendet, so wie es in *Erwünschen, Erbitten und Erhalten* beschrieben ist, oder er setzt seine eigene Schöpferkraft ein.

Die Schöpferkraft muss aber auch wissen, was sie erschaffen soll! Sie braucht eine Form, eine Matrize. Ein Schöpfer muss seinen Wunsch visualisieren, er muss sich ein geistiges Bild von dem Gewünschten machen, so wie es Gott tat, als er den Menschen ihm zum Bilde, zum Bilde Gottes schuf.

Die Gedankenform muss ganz plastisch vor dem geistigen oder dritten Auge gebildet werden, sie muss praktisch da sein, denn nur dann kann die Schöpfungsenergie die erdachte Form auch in die Realität bringen.

Voraussetzung, dass sich die Schöpfungsenergie aktiviert und das Wunschbild verwirklicht, ist das *Erglauben*. Der schöpferische Mensch muss wissen, dass es sein Glaube an die Verwirklichung seines Wunsches ist, der dies ermöglicht. Er muss sich völlig gewiss sein, dass er mit seinem Denken die kosmische Energie beeinflussen und lenken kann. Ein Wenn und Aber darf es nicht geben und der kleinste Zweifel muss ausgeschlossen sein. Dann ist der Mensch der bewusste Gestalter seines eigenen Schicksals!

Dies klingt unglaublich. Aber denken wir doch nur an die Quantenphysiker, die durch ihr Denken die kleinsten Teilchen der Materie beeinflussen. Was im Mikrokosmos möglich ist, sollte doch auch im Makrokosmos gelten. Wir müssen in unserem Falle lediglich eine konsequentere und konzentriertere Gedankenkraft einsetzen und an den Erfolg glauben. Fangen wir mit einfachen Wünschen an, wie dem Wunsch nach einem Parkplatz und dem Glauben daran, ihn auch zu erhalten. Übung und Erfahrung machen den Meister.

Hierzu noch einige der neuesten Erkenntnisse der Forschung:

Der neue Zweig der Medizin, die „Salutogenese",
versucht, herauszufinden, wie geschädigtes Gewebe
durch körpereigene Kräfte angeregt wird, sich selbst zu
reparieren.

Im Heft „Wunderwelt des Wissens" vom Juli/Au-
gust 2010 berichtet Karsten Flohr: Professor Ernst Pöp-
pel, Hirnforscher an der Universität München, erklärt:
„Ein Organismus ist ein Netzwerk und enthält verschiedene Systeme wie das Immunsystem, das Nervensystem,
den Stoffwechsel und die gesamte Persönlichkeit. Diese
Systeme kommunizieren miteinander." Der Professor
meint, der Geist muss den Körper heilen, indem durch
Glaube und Wille die Zellen trainiert und umgepolt
werden.

Professor Wolfram Schüffel, Leiter der Klinik für Psychosomatik an der Universität Marburg, sagt hierzu: „Es geht darum, die inneren Helfer freizusetzen und herauszufinden, was passiert, wenn der Geist den Körper heilt und Gedanken auf Organe, Zellen und Drüsen wirken."

(Wie dies zu erreichen ist, wird in dieser Fibel beschrieben.)

Die regenerative Medizin hat hierzu erste Erfolge aufzuweisen: Es ist zeitgleich an den Universitäten Kyoto (Japan) und Wisconsin (USA) gelungen, normale Körperzellen in Stammzellen zurückzuverwandeln, deren Programmierung zu löschen und ihnen eine neue Richtung vorzugeben (es entstehen die sogenannten iPS-Zellen = induzierte pluripotente Stammzellen).Versuche mit embryonalen Stammzellen (in vielen Ländern verboten) sind so nicht mehr nötig. Regenerieren und Nachwachsen von Organen und Gliedern (wie bei einigen Tieren naturgegeben) ist somit auch beim Menschen vielleicht einmal möglich.

Meditation

Meditation ist die Verbindung zwischen dem Meditierenden und dem Objekt seiner Meditation. Sie erfolgt über die Vernetzung „alles mit allem". Ist der geistig-energetische Kontakt hergestellt, so fließt die gewünschte Information vom Objekt zum Meditierenden und dieser oder diese erfährt alles über das Objekt der Meditation. Dabei ist es gleichgültig, ob das Meditationsziel aus Materie besteht oder geistiger Natur ist.

Die Meditation selbst ist dynamisch, sie fließt, sie ist ein Selbstläufer und beinhaltet den Transport von Informationen.

Der Meditierende dagegen ist statisch, die Meditation bewegt sich ohne sein Zutun. Er hat sie lediglich angestoßen und die Richtung vorgegeben.

Diese „echte" Meditation zu erreichen, ist sehr schwierig. Es gilt seit Jahrhunderten der Satz: „Meditation kann nicht erlernt werden – sie wird einem gegeben."

Trotzdem gibt es viele Schulen, die Meditation anbieten. Das heißt im Klartext aber, sie unterrichten die Voraussetzungen hierzu, wie Konzentration, Kontemplation und das Abschalten der Gedanken.

Alle Methoden haben eines gemeinsam, sie versuchen, dem Schüler beizubringen, sein Denken so zu beherrschen, dass er seinen Gedankenstrom kontrollieren und auch zum Versiegen bringen kann, denn dieses „Nicht-Denken" ist das absolute Muss für eine echte Meditation.

Es ist so: Wenn ich an jemanden eine Frage richte, dann muss ich anschließend still sein, um seine Antwort auch verstehen und aufnehmen zu können.

Während der Meditation darf also der Meditierende nicht denken. Die Gedanken müssen schweigen, weil sonst aufgrund des Gegenverkehrs die Informationen des Meditationsobjekts nicht frei fließen können. Die Nachrichten werden verfälscht, wenn sie überhaupt durchkommen, weil sie sich mit den Gedanken des Meditierenden vermischen.

In der Praxis gestaltet sich eine echte Meditation etwa so: Der Meditierende konzentriert sich auf das Objekt seiner Meditation, bis es vor seinem geistigen Auge erscheint. Er hat so einen geistig-energetischen Kontakt

hergestellt und kann nun seine Fragen und Wünsche
äußern. Dann muss er seine Gedankentätigkeit einstellen und die Bahn freigeben, damit er die Antwort ver-
nehmen kann. Diese Ausstrahlung des Objektes ist seine
Signatur.

Der Meditierende nimmt also passiv, aber bewusst die
Aussagen auf. Er ist nicht in irgendeiner Trance. Sollte
die Meditation in eine Richtung laufen, die ihm nicht
zusagt, so kann er dies durch einen kurzen Gedanken-
stoß ändern, muss aber sofort wieder sein Denken einstellen, da sonst die Meditation aus den schon genannten
Gründen verfälscht wird oder abbricht. Das Gleiche gilt
für ein abstraktes Objekt, das heißt, wenn es geistiger
Natur ist. Der Meditierende hat so zur ganzen Schöpfung Zugang.

Mit dem Wissen, wie eine Meditation funktioniert,
wächst auch das Verständnis über das Wissen unserer Alt-
vorderen. Es ist erklärbar, wie zum Beispiel Buddha bereits von Atomen sprach und deren Explosionspotenzial
erwähnte.

Bildmeditation:
Sie ist keine echte Meditation. Sie ist unter Konzentration einzuordnen, denn es fehlt das Entscheidende, nämlich das Beenden des Denkens.

Bei der Bild- oder Skulpturenmeditation wird das
Objekt, meist mit einem religiösen Hintergrund, be-
trachtet und dabei versucht, gedanklich tiefer in die Dar-
stellung einzudringen. Es werden die eigenen Gedanken
aktiviert, aber gerade dies verhindert, dass die Signatur
des Objektes erkannt und aufgenommen werden kann.
Bei dieser Meditation wird nur das Äußerliche wahrge-
nommen, aber nicht das Innere und Wesentliche. Über
etwas nachzudenken, ist keine Meditation.

Wird die Bildmeditation nur als Konzentration ge-
wertet, als Vorbereitung und Einstieg in die echte Meditation, dann ist dies in Ordnung und bringt den gewünschten Erfolg.

Ur-Code-Meditation

Diese neue Meditation wurde von mir kreiert. Aufgrund der neuesten wissenschaftlichen Forschung und
den Erkenntnissen der alten Eingeweihten können wir
davon ausgehen, dass es ein Nullpunktfeld, ein zentra-
les, bewusstes Energiefeld beziehungsweise eine zentrale,
bewusste Gottheit gibt. Das sind mehrere Begriffe, die
aber alle das Gleiche meinen und ausdrücken. Es ist eine
zentrale Kraft, die wirkt, zum Beispiel als Evolution, die
sich aber nicht um ein einzelnes Wesen bemüht oder darauf Rücksicht nimmt. Erst wenn es einem Wesen gelingt, durch Denken und Glauben sich der Einheit mit
der Ur-Energie (Gott) bewusst zu sein, kann es diese
Kräfte für sich nutzen. Wenn wir weiter davon ausgehen,
dass alles mit allem vernetzt ist (wie die Zentren in unserem Gehirn oder das Internet), dann erklärt dies auch
unsere eigene Verbindung mit allem, mit allen geistigen
und materiellen Schöpfungen. Die zentrale Energie, die
wir auch Gott nennen, ist der Ursprung und damit der
Schöpfer von allem. Wir sind kleine Energie-Zusam-
menballungen und haben so die Attribute der Zent-
ral-Energie und so kommt ein Wunsch von uns einer
Schöpfung gleich, sofern wir daran glauben, denn der
Glaube ist die Verwirklichung.

Bei der Ur-Code-Meditation wünschen und erbitten
wir also von der zentralen Energie oder Gott, dass uns

Wissen und Erkenntnis über einen bestimmten Gegenstand, ein geistiges Problem oder Gefühl zukommen möge. Das „Wie" überlassen wir gläubig, damit es in Erfüllung geht, dem Adressaten unseres Wunsches. Und es wird geschehen.

20. Schlag-Sätze

Von bedeutenden Persönlichkeiten, die ein Schlaglicht auf die Signatur – Rückkoppelung – Widerspiegelung werfen.

Westliches Wissen

Gottvater:
Und er sprach: „Lasst uns Menschen machen, ein Bild, das uns gleich sei, die da herrschen über die Fische im Meer und über die Vögel unter dem Himmel und über das Vieh und über die ganze Erde und über alles Gewürm, das auf Erden kreucht."
Und Gott schuf den Menschen ihm zum Bilde, zum Bilde Gottes schuf er ihn; und schuf sie ein Mann und ein Weib. (Moses 1,26–27.)

Psalm 82,6:
Anrede von Gott Zebaoth:
„Ich habe wohl gesagt: Ihr seid Götter und allzumal Kinder des Höchsten."

Kabbala:
Alter jüdisch-christlicher Einweihungsweg des Alten Testaments.
Der Sefirot-Baum verkörpert die zehn Aspekte der Seele. Jesod ist dabei das Fundament. Es ist die Projektionswand des Unbewussten und der Sitz unserer Vorstellungen. Hier werden die Bilder, die wir uns vom Leben

und der Welt machen, sowie die Vorurteile, Vorbilder und Erfahrungen gespeichert. Eine der wichtigsten Lernerfahrungen ist, dass wir erkennen, sie könnten für uns ein Gefängnis sein. Es gilt diese Bilder, die uns fesseln, aufzulösen (nach heutiger Sicht ist dies eine Neuronenverknüpfung).

Jesus Christus:
Spricht zu Gottvater:
(Johannes 17,7.) „Nun wissen sie, dass alles, was du mir gegeben hast, sei von dir."
(10) „Und alles, was mein ist, das ist dein und was dein ist, das ist mein; und ich bin in ihnen verklärt."
(21) „Auf dass sie alle eines seien, gleich, wie du, Vater, in mir und ich in dir, dass auch sie in uns eines seien, auf dass die Welt glaube, du habest mich gesandt."
(23) „Ich bin in ihnen und du in mir, auf dass sie vollkommen seien in eins …"
(Mt. 5,48.) „Darum sollt ihr vollkommen sein, gleich, wie euer Vater im Himmel vollkommen ist."
(Mt. 7,7.) „Bittet, so wird euch gegeben; suchet, so werdet ihr finden; klopfet an, so wird euch aufgetan."

Apollonius von Tyana:
Geboren in Kappadozien, Römisches Reich, in der Zeit von Kaiser Tiberius.
„Ich verkünde die Lehren des Pythagoras und der indischen Weisen. Meinst du aber, dass sie der Religion der Christen gleichen? Das könnte wohl sein, Augustus, das könnte wohl sein. – Siehe das große Geheimnis: Der Geist ist der Träger von allen Dingen – aber er ist nicht in ihnen eingeschlossen."

Mark Aurel:
Römischer Kaiser, 121–180. Verfasser von philosophischer Literatur, „Selbstbetrachtungen".
„Unser Leben ist das, wozu unsere Gedanken es machen."

Pelagius:
Etwa 384 n.Chr., Gründer des Pelagianismus. Er lehnte die Erbsünde ab, denn der Mensch habe die sittliche Freiheit zum Guten wie zum Bösen. Die Sünde sei immer nur eine einzelne Tat und der Mensch könne durch eigene Bemühungen zum Heil gelangen.

Thomas von Aquin:
Dominikaner, Theologe, 1225–1274:
„Gesundheit ist weniger ein Zustand als eine Haltung und sie gedeiht mit der Freude am Leben."

Meister Eckhart:
Dominikaner, Dogmatik-Lehrer, 1260–1328:
„Gott hat die Seele in freie Selbstbestimmung eingesetzt, sodass er ihr über ihren freien Willen hinweg nichts antun noch ihr etwas zumuten will, was sie nicht will. – Soll ich Gott so ohne Vermittlung erkennen, da muss *ich* ja gerade *er* und *er ich* werden! Eben das meine ich ja gerade. Gott muss gerade zu *ich* werden, so ganz eins, dass dieses *Er* und dieses *Ich* eins werden und bleiben und als das reine Sein selber in Ewigkeit desselben Werkes walten. – Also lieben müsst ihr Gott, dann werdet ihr auch Gott mit Gott. – Alles, was Gott wirkt, ist eins: Darum gebiert er mich als seinen Sohn …, der himmlische Vater … ist gänzlich mein Vater: Weil ich sein bin und alles, was ich besitze, von ihm habe und weil ich als Sohn derselbe bin wie er und nicht ein anderer. – Ich

glaube an die Geburt Gottes in mir, durch die ich selbst zu Gott in Gott verwandelt werde, an die unaufhörliche Hilfe von innen, die jeden umwelt- und schicksalsüberlegen macht."

Christian Morgenstern:
Lyriker, 1871–1914: „In jedem Menschen ist ein Kind verborgen – das will auch in der Kunst mitspielen, mitschaffen dürfen und nicht so sehr bloß bewundernder Zuschauer sein, denn dieses Kind im Menschen ist der unsterbliche Schöpfer in ihm."

Franz Bardon:
Eingeweihter Hermetiker, 20. Jahrhundert, schreibt in seinem Buch „Der Weg zum wahren Adepten", erschienen im Hermann-Bauer-Verlag: „Die Gottesidee dient dem gewöhnlichen Menschen dazu, eine Stütze oder einen Anhaltspunkt für seinen Gott zu haben, um nicht im Ungewissen zu sein oder sich zu verlieren. Deshalb bleibt ihm sein Gott stets unbegreiflich, unfassbar und unvorstellbar. Anders dagegen ist es beim Eingeweihten. Er kennt seinen Gott in allen Aspekten. Nicht nur, dass er seiner Gottheit die höchste Verehrung zollt, da er weiß, dass er nach ihrem Ebenbild erschaffen wurde, also ein Teil Gottes ist, sieht er sein höchstes Ideal, seine höchste Pflicht und sein heiligstes Ziel darin, eins zu werden mit der universalen Gottheit, Gott-Mensch zu werden. Dabei bleibt es jedem frei überlassen, seine Individualität aufzugeben oder zu behalten."

Albert Einstein:
Begründer der Relativitätstheorie, 20. Jahrhundert: „Der Trunk aus dem Becher der Naturwissenschaften macht oft atheistisch, am Grund des Bechers aber ist Gott."

Pierre Teilhard de Chardin:
Jesuitenpater und Paläontologe – Wissenschaftler, 20. Jahrhundert: „Im tiefsten Innern besteht die Welt aus Bewusstsein, das von Fleisch und Knochen umkleidet ist. …, dass die Physik am Ende ihrer Analyse nicht mehr recht weiß, ob sie es noch mit Energie zu tun hat oder ob es nicht ganz im Gegenteil Denken ist, was ihr in Händen bleibt. – Gott einigt die Welt in einer organischen Vereinigung mit sich selbst, indem er zu einem gewissen Teil in die Dinge eintaucht, indem er sich zum Element macht und indem er dann die Führung und den Plan dessen übernimmt, was wir heute Evolution nennen. – Gott macht, dass die Welt sich macht."

Karl Schaifers:
Astronom, Hauptobservator, Bestsellerautor und Herausgeber von Fachliteratur, 20. Jahrhundert:
Nach einem Vortrag wurde er gefragt, ob er an Gott glaube: „So dürfen Sie mich nicht fragen. Als Wissenschaftler glaube ich an die Wissenschaft und erforsche sie neutral. Als Mensch glaube ich an Gott."

Marienschwestern:
Kanaan, in Darmstadt, 20. Jahrhundert. Sie schlussfolgerten: Wenn Gott Himmel und Erde erschaffen hat, dann kann er auch erst recht die verheißene Kapelle erschaffen. Dass der Unfall einer Schwester, die sich das Becken gebrochen hatte, nicht im Sinne Gottes sein könne und er sie folglich spontan heilen möge, was dann auch geschah!

Jean E. Charon:
Französischer Physiker – Wissenschaftler, 20. Jahrhundert. Er fand 1975 heraus, dass jene unsterblichen sta-

bilen Materieteilchen geisttragend sind und mit dem menschlichen Gedächtnis vergleichbar sind. Er behauptet: „Geist und Materie sind so untrennbar miteinander verbunden wie die Vorder- und Rückseite einer Münze. – Das, was unsere eigentliche individuelle Persönlichkeit ausmacht, ist unser Geist und der ist ungeteilt in jedem der Milliarden Elektronen unseres Körpers enthalten."

Hoimar von Ditfurth:
Professor für Psychiatrie und Neurologie, 20. Jahrhundert, meint: „Der Geist fiel nicht vom Himmel. – Die Evolution ist ein realer Prozess. Ein sich in der Zeit bewegender Ablauf und es wäre naiv, zu denken, dieser Prozess sei ausgerechnet heute zum Stillstand gekommen und habe in uns den Gipfel, seinen äußersten Endpunkt erreicht. Solange wir den Rahmen nicht erkennen, der unsere Einsichtsfähigkeit beschränkt, laufen wir Gefahr, die Beschränkung an falscher Stelle zu suchen und die eigene Ohnmacht einer Sabotage-Hypothese zuzuschreiben. Selbst die Kirche ist gegen diese Gefahr nicht immer gefeit gewesen. Auch sie hat sich in der Vergangenheit bekanntlich verleiten lassen, der Sabotage, die der Teufel an ihrem Werk so offensichtlich übte, um jeden Preis Einhalt zu gebieten. Auch um den Preis der physischen Vernichtung des Menschen."

Arnold Benz:
Schweizer Wissenschaftler, Satelliten-Konstrukteur, Mitarbeiter am CERN-Projekt, 21. Jahrhundert:
„Big Bang, der Urknall führte zum Menschen. Leben entstand aus der Materie, unsere Vorfahren waren Sternenstaub."

Moshe Feldenkrais:
Ukrainischer Physiker: „Bewusstsein gibt uns die Freiheit, eine Wahl zu treffen."

Lynne McTaggart:
International anerkannte Wissenschaftsjournalistin, schreibt über die *Noetik:* „Alle Experimente legen den Schluss nahe, dass Bewusstsein eine Substanz jenseits unserer Körpergrenzen ist, das sogenannte *Nullpunktfeld,* eine Energie, die Materie verändern kann. In mindestens vierzig Forschungszentren wurde nachgewiesen, dass zwischen Lebewesen ein ständiger Informationsaustausch stattfindet und dass Gedanken Energie übertragen können. Es liegt der Schluss nahe, dass es eine dezentrale, einheitliche Intelligenz gibt und dass im Prinzip jeder von uns über die Fähigkeit verfügt, mit ihr in Kontakt zu treten."

Ervin László:
Ungarischer Systemtheoretiker, sagt: „Unser Gehirn ist ein Mechanismus, mit dessen Hilfe wir Informationen aus dem *Nullpunktfeld* abrufen, dem letztendlichen Speichermedium des Universums." Unser Gedächtnis existiere somit nicht im Gehirn, sondern sei im Nullpunktfeld abgespeichert.

Karsten Flohr:
Wissenschaftsjournalist, schreibt in der Zeitschrift PM „Welt des Wissens", Ausgabe März 2010: „Klingt dies nicht alles sehr nach einem zentralen Gott? Einem, der in jedem seiner Geschöpfe ist und diese damit auch in ihm sind? So wie es Jesus Christus lehrte! Ist Gott denn nicht dieses personifizierte *Nullpunktfeld?*"

Robert G. Jahn:
Physiker an der Princeton University, meint: „Wenn man sich tief genug in die Quantenwelt hineinbegibt, existiert vielleicht gar kein Unterschied zwischen Geist und Materie."

Erklärung:
Nullpunktfeld ist die Kraft in der subatomaren Ebene der lebenden Materie, die das Universum wie ein Netz durchzieht und lange als das Vakuum bezeichnet wurde – das Nichts. Inzwischen weiß man, dass es randvoll ist mit Energie.

Noetik (griechisch „geistig wahrnehmbar") ist eine junge Wissenschaft, die die Erkenntnisse der modernen Quantenphysik mit denen der Bewusstseinsforschung zusammenführen soll. Die Kerntheorie der *Noetik* lautet: Auch Gedanken sind Materie und da alle Elementarteilchen des gigantischen *Nullpunktfeldes* miteinander kommunizieren, können Gedanken Materie beeinflussen.

Intention umschreibt die Kraft unseres Geistes, die Welt zu verändern.

Fundamentalismus:
Ein Fundamentalist ist, wer kompromisslos an seinen religiösen, wissenschaftlichen und politischen Grundsätzen festhält.

Religiöse und wissenschaftliche Fundamentalisten haben seit jeher und zum Teil sehr massiv wissenschaftliche Fortschritte be- und verhindert. Sie sind nicht bereit, dass an ihrem zementierten Weltbild, auf das sie vielleicht ihre Karriere gegründet haben, gerüttelt wird, und so diskriminieren sie alles, was außerhalb ihres eigenen Gedankengebäudes geschieht, als gotteslästerlich oder pseudowissenschaftlich. Denken wir nur an Jesus Christus, dessen neues Gottesbild ihm den Tod brachte. An Giordano Bruno, der 1600 verbrannt wurde, weil die katholische Kirche seine Naturlehre nicht akzeptierte. An Galileo Galilei, der 1633 seinem „Irrtum" abschwören musste und zu unbefristetem Hausarrest verurteilt wurde. An den indischen Wissenschaftler Jagadis Chandra Bose, dem Kollegen rieten, doch bei seiner Physik zu bleiben. An Pierre Teilhard de Chardin, der als Jesuit und Wissenschaftler der Paläontologie die Evolutionstheorie für richtig hielt und vom Vatikan gemaßregelt, für zwanzig Jahre aus dem Verkehr gezogen wurde und dessen Fachbücher auf den Index kamen. Auch Albert Einstein machte diese Erfahrung, indem von Kritikern seine Relativitätstheorie geleugnet wurde und sie verlauten ließen: „Wie kann man einem Patentamtsangestellten aus der Schweiz glauben?" Die Neowissenschaft hat es nun besonders schwer, sie will erforschen, wie der Geist auf die Materie einwirkt, und sie geht dabei davon aus, dass die Erwartung des Forschers sich bereits auf die zu erforschende Materie überträgt. Also: Jeder Forscher hat demnach durch sein individuelles Bewusstsein ein anderes Ergebnis und Forscher, die skeptisch sind und nichts erwarten, haben demnach auch keine eindeutigen Ergebnisse.

Aber gerade dies bestätigt ja auch die Gedankengänge der Bewusstseinsforscher. Die Forderung der fundamentalistischen und konservativen Wissenschaftler nach doppelter Kontrolle und Doppelblindversuchen läuft ins Leere, weil eben jeder Test individuell ausfällt und von anderen Forschern auch andere Ergebnisse zu erwarten sind.

Fragen:

All diese Aussagen, in Verbindung mit der modernen Noetik-Wissenschaft, werfen neue Fragen auf:

Wieso ist das menschliche Gehirn so viel leistungsfähiger, als es von der Evolution her sein kann? Schon Einstein meinte, dass wir nur einen Bruchteil seiner Möglichkeiten nutzen. Wo sind die zum Teil unverständlichen geistigen Spitzenleistungen mancher autistischer Menschen einzuordnen? Wie kann die von Darwin angenommene Evolution ein Organ selektieren, das gar nicht voll in Anspruch genommen ist? Ist demnach der neuen Theorie näherzutreten, dass unser Gehirn nur ein Mechanismus ist, mit dessen Hilfe wir Wissen vom Nullpunktfeld, dem Energiezentrum des Universums, auch Gott genannt, abrufen, und dass dieses Feld demnach auch unser Gedächtnis ist? Ist somit der Mensch, der am besten abrufen kann, der intelligentere und gescheitere? Erklärt dies den sogenannten Zeitgeist? Und dass viele Erfindungen und Entwicklungen gleichzeitig gemacht wurden?

Östliches Wissen

Veden:

(Wissen.) Älteste religiöse Literatur Indiens, etwa 1500 v. Chr. Teile davon sind die

Upanishaden:

Entstanden ca. 800 v. Chr.

Die Seele aller Kreaturen stellt eine Einheit dar, sie ist aber ebenso in jedem Geschöpf gegenwärtig: Einheit und Vielheit zugleich wie die Spiegelung des Mondes auf dem Wasser. – Individuelle Dualität von Körper und

Seele und der Universalität von Mensch und Kosmos. (Heute nennen wir dies Vernetzung.)

Buddha:
Siddhartha Gautama, Fürstensohn, Erleuchteter, 556–476 v. Chr.
„Die größte Sünde ist, in der Unwissenheit verharren. – Wir halten die Materie für beständig und fest. In Wirklichkeit ist sie aber ein Strom von Energie, ein Konglomerat aus Atomen und Leere. Unser eigener Körper ist in ständiger Bewegung. Wirklich ist er nur für den Augenblick, der vorübergeht. Aber er ist es weder für die Zukunft noch ist er sich von Minute zur anderen gleich. Im Jetzt und Heute muss man sich auf das Denken verlassen. Wie ein Wagen nicht aus sich selbst besteht, sondern aus vielfältigen Elementen zusammengesetzt ist, so existiert nichts aus sich, sondern alles ist in Beziehung zueinander. – Der Kosmos ist eine Manifestation von Energien, die sich in ständiger Bewegung befinden. Er ist dem Gesetz der Anziehung unterworfen, das die Entstehung der Masse bewirkt, und außerdem dem Gesetz der Wiederholung, wodurch er in ständigem Wachstum begriffen ist." (Es ist schon erstaunlich, was Buddha alles wusste.)

Zen:
Buddhistische Meditationstechnik. „Die Kunst des Bogenschießens":
„Wenn Schütze – Pfeil – Ziel *eins* werden, dann schießt nicht der Schütze, sondern *es* schießt und trifft unausweichlich das Ziel."

Alter lyrischer Lehrtext:

1. Das Denken macht's, der Geist allein
   bestimmt der Wesen Art und Sein:
   Und wer durch Wort und Tat beweist,
   dass beides quillt aus bösem Geist,
   dem folgt das Leid auf seinem Pfad
   gleich, wie dem Zugpferd das Rad.

2. Das Denken macht's, der Geist allein
   bestimmt der Wesen Art und Sein:
   Und wer durch Wort und Tat beweist,
   dass beides quillt aus reinem Geist,
   des Wohlergehen dem Schatten gleicht,
   der nicht von seinen Fersen weicht.

3. Das Denken macht's, der Geist allein
   bestimmt der Wesen Art und Sein:
   Es wird ja nie in dieser Welt
   durch Feindschaft Feindschaft abgestellt,
   durch Nicht-Feindschaft hört Feindschaft auf,
   das ist seit je der Dinge Lauf.

Babaji:
Mahavatar, Meister und Guru von Lahiri Mahasaya:
„Nur wenige Sterbliche wissen, dass das Reich Gottes
auch für die Erfüllung aller irdischen Wünsche sorgt. Das
göttliche Reich schließt das irdische mit ein." – *Babaji* hob ein leeres irdenes Gefäß vom Boden und sprach
zu seinem Schüler Lahiri: „Greif mit der Hand hinein
und nimm dir die gewünschte Speise." Sogleich befand
sich die Speise darin und obwohl daraus gegessen wurde,
blieb die Schale immer gefüllt. Am Ende der Mahlzeit
schaute Lahiri sich nach Wasser um. In der Schale war

die Speise verschwunden und stattdessen schimmerte Wasser darin.

Lahiri Mahasaya:
Familienvater, Beamter, Meister und Guru von Sri Yukteswar, 19. Jahrhundert:
„So hast du dich wieder krank gemacht. Es sind wirklich nur deine Gedanken, die dich abwechselnd krank und gesund gemacht haben. Du kannst sehen, wie dein Gesundheitszustand sich genau nach deinen unterbewussten Erwartungen gerichtet hat. Gedanken sind Kräfte, genau wie die Elektrizität oder die Schwerkraft. Der menschliche Geist ist ein Funke des allmächtigen Bewusstseins Gottes!"

Sri Yukteswar:
Familienvater, dann Mönch des Swami-Ordens, Meister und Guru von Yogananda, 20. Jahrhundert. „Die meisten Menschen wissen gar nicht, wie oft Gott ihre Gebete erhört. Er bevorzugt nicht einige wenige, sondern erhört jeden, der sich vertrauensvoll an ihn wendet. Die Menschen sollten niemals an der Liebe und Güte des himmlischen Vaters zweifeln."

Yogananda Paramahansa:
Universitätsabsolvent, Mönch des Swami-Ordens, Meister und Guru vieler Amerikaner und Europäer, 20. Jahrhundert.
An seinem fünfundzwanzigsten Todestag gab die indische Regierung zu seinen Ehren eine Briefmarke mit seinem Bild heraus. Er sagte unter anderem: „Ich denke gerade, wie wunderbar ist es, dass die göttliche Mutter (Shakti) mir alles gibt, worum ich sie bitte!"

Dhirananda:

Familienvater, Ausbilder von Yoga-Lehrern, 20. Jahrhundert. Wurde als Schüler von Swami Hariharananda in den Kriya-Yoga von Babaji und seinen Nachfolgern eingeführt. Er ist ein Blutsverwandter von Yogananda und ein Lehrer des Autors. 21. Jahrhundert:

„Brahma ist der Schöpfer und Prakrti die Schöpfung. Zwischen beiden gibt es keinen Unterschied. Beide sind verschiedene Ausdrucksweisen von Gott, die nur aufgrund der dualistischen Wahrnehmung als getrennt empfunden werden. Gott ist eins und dieses *eine* durchdringt die ganze vielfältige Schöpfung."

Trailanga:

Indischer Yogi, Mönch des Swami-Ordens, 19. Jahrhundert:

„Du wusstest nicht, als du mir das Gift zum Trinken reichtest, dass mein und dein Leben eins sind." (Vernetzt.) „Wenn ich nicht das Wissen besäße, dass Gott in jedem Atom der Schöpfung und daher auch in meinem Magen gegenwärtig ist, hätte der Kalk mich getötet."

Sri Swami Sivananda:

Doktor Kuppuswamy, Chefarzt, Mönch, Yoga-Lehrer, Ashram-Leiter, Vorbild und Namensgeber von weltweit verteilten Yoga-Schulen, Lehrer des Autors, 20. Jahrhundert.

„Siehe Gott in allem und verwandle Böses in Gutes, das ist echtes Yoga. Yoga ist eine Geisteswissenschaft, welche die Methode lehrt und die Einzelseele mit Gott vereint. Die Verbindung der Einzelseele mit der höchsten Seele heißt Yoga."

Chandra Bose:

Indischer Biologe – Wissenschaftler, 20. Jahrhundert. Er entdeckte, dass Pflanzen ein Nervensystem und Gefühlsleben haben, und sagte: „Mit meinen Instrumenten konnte die unsterbliche Einheit allen Lebens nachgewiesen werden. Der eine Pulsschlag des Lebens, der das ganze Weltall durchdringt, kann von nun an nicht mehr als dichterische Einbildung gelten."

Baird Spalding:

Englischer Archäologe, erforschte den Fernen Osten und kam in Kontakt mit Avataren (vollkommenen Wesen), den Meistern der Meister. 20. Jahrhundert.

„Lasst uns einmal Ausschau halten, wieso und warum der menschliche Körper so erniedrigt worden ist. Es ist uns von Leuten, die kaum eine Ahnung von der eigentlichen Wahrheit haben, gelehrt worden, dass der Körper schwach, sündig, unvollkommen, minderwertig, anomal und dem Verfall unterworfen sei. All das sei erzeugt in Sünde und geboren in Sünde und wie andere Sinn- und Redewendungen eines Menschen in Unmoral noch alle lauten mögen."

„Schauen wir zuerst in die Vergangenheit und sehen und begreifen wir, wie und wo diese Lehren, Gedanken und Worte uns langsam hineingezogen haben in diesen schrecklichen Strudel und Sumpf von Sünde, Zweideutigkeit, Krankheit, Misserfolg und Tod. Lasst uns mit klarem Blick die Resultate dieser verächtlichen Gemeinheit erkennen und sehen, bis wohin sie uns gebracht haben, nämlich bis zur Schändung dieser vollkommenen Gottes-Körper-Form."

„Wenn wir lernen, jeden negativen Gedanken auszuschließen, in jedem Gefühl, jedem Wort und jedem Handeln, dann speichern wir Energie in unserem Körper. Im

Augenblick, da wir ein negatives Wort aussprechen, verschleudern wir Energie. Einer der erfolgreichsten Wege dazu liegt darin, Negatives nicht zu bemerken, nicht zu hören noch anzuerkennen, sondern allezeit Liebe überallhin und zu jedermann auszusenden. Sobald wir aus dem negativen Zustand des Bewusstseins herausgehen, fangen wir an es zu erfassen. – Wisse, dass du weißt."

„Jeder von uns ist in der Lage, jede der sogenannten Schwierigkeiten zu bemeistern, unter denen wir uns abmühen: Sobald wir sie fallen lassen, hören sie auf zu existieren, das ist absolute Tatsache, denn wir ziehen diese Zweifel an uns heran durch unsere eigenen unrichtigen Gedanken."

„Wenn wir definitive (endgültige), positive Ideen, Wünsche verfolgen, die wir erreichen wollen, so erfolgt diese Verwirklichung ganz sicher. Ein Punkt. Eine einzige Richtlinie. Erlaubt euch niemals, Gedanken auf irgendeinen negativen Zustand zu richten. Niemand kann etwas erreichen, wenn er nicht *eins* wird mit seinem Ziel und alle anderen Umstände außer Acht lässt."

„Wenn wir nach Vollkommenheit streben, muss Vollkommenheit die Folge sein."

Schlaglichter

Durch das vernetzte Denken (kollektives Unterbewusstsein) wird jeder Mensch von jedem Menschen beeinflusst. Gefühle, Erfahrungen, soziales Bewusstsein, Massenhysterie, Herdentrieb sowie Gedanken über Politik, Krieg, Frieden und so weiter werden von Gehirn zu Gehirn weitergegeben und verstärken sich immer mehr. Es bilden sich morphische Felder und die gilt es zu durchbrechen, um unvoreingenommen denken zu können.

Durch Denken werden energetische Frequenzen erzeugt (Signatur), die durch die Anziehungskraft (Gravitation) alles, was auf der gleichen Wellenlänge schwingt, vereinigen und somit auch verstärkt (Rückkoppelung) zum Denkenden zurückspiegeln (Widerspiegelung).

Gutes zum Guten – Schlechtes zum Schlechten.

Positives wird so immer besser – Negatives immer schlechter.

Es ist das Gesetz von Ursache und Wirkung.

1. Die gedankliche Signatur-Ausstrahlung zeigt das Wesen des Aussenders.
2. Sie zieht durch die Gravitation Gedanken der gleichen Frequenz an.
3. Durch die Rückkoppelung werden die Gedanken verstärkt.
4. Durch die Widerspiegelung kommen sie zum Aussender zurück.
5. Das Gedachte wird in die Realität gebracht.

Wunder in dem Sinne gibt es nicht. Es ist immer ein Anwenden von Naturgesetzen. Auch von solchen, die noch nicht offiziell entdeckt sind.

Wie ein Menschlein sich im Mutterleib vom Zellklumpen zum Baby entwickelt, so sind alle Lebewesen durch die Evolution gegangen und vom Sternenstaub aus herangewachsen. Nun muss der Mensch verstehen und lernen, das Erbe seines göttlichen Vaters und Schöpfers anzutreten, und selbst zum Gestalter und Schöpfer werden.

Er muss sich dem ersten Schöpfungsbericht der Bibel zugehörig wissen, nachdem alle Menschen Gottes Kinder sind, die er nach seinem Bilde geschaffen hat und denen er alle Macht auf Erden gab, und nicht nach dem zweiten Bericht, wo der Mensch nur ein zeitweise beseelter Erdenkloß ist, der Gottes Fluch anheimfällt und wieder zu Erde wird.

Gott ist es gleichgültig, ob ein Mensch an ihn glaubt oder nicht. Er weiß um die unterschiedliche Entwicklung seiner Geschöpfe. Wie sollte er auch als Baumeister des riesigen Universums beleidigt sein, wenn ein kleiner Mensch noch nicht so weit ist, ihn vollständig und richtig zu erkennen? Wo sogar noch unvollkommene menschliche Eltern ihre Sprösslinge beim Erwachsenwerden tolerant begleiten, auch wenn diese mal gegen sie aufmucken.

Darum ist es auch egal, ob ein Wunsch an Gott, das Universum oder sonst wen gerichtet ist. Gott ist als Schöpfer in seiner ganzen Schöpfung und dadurch im Endeffekt immer der Empfänger der Bitte!

Wichtig ist nur, dass wir uns von dem Glauben befreien, wir seien ein kurzlebiger und sündiger Erdenkloß! Wir müssen uns als eigenständigen, selbst verantwortlichen und sein Schicksal selbst bestimmenden Menschen begreifen. Wir können mit dem Glauben, dass wir Gottes Ebenbild sind und seine Schöpferkraft geerbt haben, ein übellauniges Schicksal in die uns genehme Richtung biegen.

Auch wenn jemand nicht an einen persönlichen Gott glaubt, sollte er doch wissen, dass er ein Teil der Ur-Energie ist und ihre Attribute besitzt.

Ein Mensch vermag durch sich selbst und von sich aus alles zu erreichen, er braucht nur zu wollen und an die Realisierung zu glauben.

21. Schlag-Worte

- Da Geist auf Materie wirkt, ist Geist so real wie die Materie.
- Materie ist verdichteter Geist.
- Materie ist nicht fest. Materie ist Schwingung, ist Vibration.
- Vernetztes Denken ist ein grundlegendes Merkmal der Realität.
- Ein Gedanke ist im Grunde eine Struktur, in die die Realität geprägt wird.
- Wir sind die Schöpfer der Realität.
- Bewusstsein schafft Realität.
- Gott oder die Gottheit ist der eigentliche Architekt der Realität.
- Geistige Realität – reale Geistigkeit – Geistigkeits-Realität.
- Die innere Einstellung beeinflusst die äußere Wirklichkeit.
- Unser tägliches Leben besteht aus Wünschen und Erwartungen, die in Erfüllung gehen.
- Der Glaube ist der Antrieb der Schöpfung.
- Glauben ist Bewusst-Sein.
- Wer glaubt, ist sich bewusst, dass sein Glaube real ist.
- Das ganze Universum ist ein vom Schöpfer projizierter Gedanke.
- Der Stoff, aus dem wir, unsere Erde und der Kosmos bestehen, ist Sternenstaub.
- Das „Nullpunktfeld" ist die Ur-Energie, die das ganze Universum durchzieht.
- Die „Intention" ist die Kraft unseres Geistes, die Welt zu ändern.

22. Wissen

Denken

Denken — ist mit der Realität vernetzt.

Denken — ist eine Kraft, die Realität schafft.

Denke — positiv und du hast gute Gefühle – hast du gute Gefühle, so denkst du auch positiv.
Mit den Gefühlen kann das Denken kontrolliert werden.

Denke — dich gesund und leistungsfähig.

Denke — dich glücklich und zufrieden.

Denke — dich erfolgreich und wohlhabend.

Denke — dich in einen positiven Überfluss hinein.

Denke — „Das Universum ist voller Überfluss", und der muss fließen und darf nicht stocken, leite ihn weiter und du wirst umso mehr Überfluss haben.

Denke — daran, mit dem Wunsch müssen alle Dinge, die ihn betreffen, auch in Einklang sein, sonst blockieren sie ihn. Erbittest du zum Beispiel einen Kühlschrank, so schaffe den Platz, an dem er stehen soll. Erbittest du ein Auto, so sorge für einen Stellplatz.
Erschaffe immer die Voraussetzung, dass das Erbetene auch kommen kann.

Denke — „Ich bin Herr meiner Gedanken."

Denke — „Ich erdenke mein Schicksal."

Denke — dir deinen Tag.

Denke — dich grenzenlos und fühle dich frei.

Denke — positiv und dein Gehirn reagiert mit Stoffwechselveränderungen. Es schüttet Botenstoffe aus, wie Endorphine und Dopamine sowie Hormone, die deinen Körper positiv beeinflussen.

Nicht-Denken

Denke nicht – negativ und depressiv, sonst wird dein Gehirn darauf reagieren und den Botenstoff Cholecystokinin ausschütten und dafür weniger Opiate und Dopamine. Es würde so eine negative Spirale beginnen, die sich immer schneller dreht und verheerende Wirkungen hat.

Denke nicht – an einen Mangel, sonst ziehst du ihn an.

Denke nicht – an Schulden, sonst wachsen sie dir über den Kopf.

Denke nicht – „Ich kann mir dies nicht leisten", sonst kannst du es dir wirklich nicht leisten.

Denke nicht – an Zweifel, sonst vergeht der Glaube.

Denke nicht – „Ich kann das nicht", sonst kannst du es wirklich nicht.

Denke nicht – an das, was du nicht willst, sonst bedrängt es dich.

Denke nicht – „Ich bin zu dick", sonst ziehst du das Dicke an.

Denke nicht – „Ich bin in Armut geboren", sonst bleibst du arm.

Denke nicht – „Weil ich arm bin, muss ich früher sterben", sonst wird dies Realität.

Denke nicht – „Wenn ich einer Zugluft ausgesetzt bin, erkälte ich mich", sonst ziehst du die Erkältung herbei.

Denke nicht – „Wenn ich älter werde, lässt die Gesundheit nach", sonst geschieht dies.

Denke nicht – „Im Alter verschwindet die Libido", sonst tritt dies ein.

Denke nicht – „Wenn unter meinen Blutsverwandten eine Krankheit oder Todesursache vorherrscht, dann bekomme ich die auch", sonst verwirklicht sich dies.

Denke nicht – an Rache! Sonst kommen diese Gedanken durch den Zurückprall verstärkt zu dir zurück und schädigen dich.

Merken

Merke – Gedanken realisieren sich. Gedanken werden als Wunsch registriert und jetzt oder später verwirklicht.
Darum denke kein negatives Wort, wie Krankheit, Unfall, Sorgen, Streit, Armut, Not und so weiter, es würde sich das Negative einstellen.

Merke – Alles Negative, aber auch alles Positive, das man sich selbst zuordnet, wird von den Gedanken in die Realität gebracht. Darum ist es so wichtig, dass man sich selbst nur Positives zuordnet.

Merke – Wenn du denkst: „Ich bin zu dick", so schaffen deine Gedanken Realität.
Das „Dick" wird verfestigt und es entsteht ein statischer Zustand. Die Neuronen werden im Gehirn festgeschrieben und keine Diät oder Abmagerungskur wird auf Dauer helfen. Immer wieder wird das „Dicksein" triumphieren.
Erst wenn du dein Denken änderst und den Gedanken „Ich bin zu dick" umwandelst in „Ich werde abnehmen, bis ich normalgewichtig bin" oder „Ich bin normalgewichtig", wird die Neuronenverflechtung sich den neuen Gedanken anpassen und die Gewichtsreduzierung wird gelingen. Es ist auch möglich, sich ein bestimmtes Gewicht, das erreicht werden soll, vorzustellen.

Merke — Wenn du denkst: „Ich kapiere den Computer nicht", so schaffen deine Gedanken Realität. Du wirst den Computer nicht bedienen können. Er wird mit dir machen, was er will. Erst wenn du überzeugt bist, dass du es lernst, dass du es kannst, werden deine Gedanken dir dies auch ermöglichen.

Merke — Wenn du an Kampf denkst, dann bekommst du ihn auch. Gedanken, bewusste oder unbewusste, sind Wünsche und die realisieren sich jetzt oder später. Wie gedacht, so gewollt. Und dieser Kampf währt so lange, wie du an ihn denkst. Zu gewinnen ist er kaum, denn es ist ja dein Wunsch, zu kämpfen. Erst wenn du an Sieg denkst oder eine Niederlage in Kauf nimmst, wird dieser neue Gedanke den Kampf-Gedanken verdrängen. Es ist natürlich auch möglich, die Gedanken an Kampf in Gedanken des Friedens und der Harmonie umzuwandeln.

Es wird ja nie in dieser Welt
durch Kampf Kampf abgestellt.
Durch Nicht-Kampf hört Kampf auf.
Das ist seit je der Dinge Lauf.

Merke — Wenn du zum Beispiel eine Krankheit bekämpfst, sei es mithilfe eines Arztes, mit Bestrahlungen oder Medikamenten, so wird dein Unterbewusstsein deine Gedanken als Wunsch, zu kämpfen, werten und ihn erfüllen. Du bekommst deinen Kampf mit der Krankheit. Bleiben deine Gedanken beim Kampf gegen die Krankheit, so wird der Körper irgendwann kapitulieren, das Leiden wird chronisch werden oder in der Todesanzeige steht vielleicht: „Gekämpft und doch verloren."

Merke – Sollte eine Krankheit dich überfallen haben, hervorgerufen durch Bakterien oder Viren, so denke nicht an Kampf, sondern richte deine Gedanken auf Sieg über die Krankheit. Stell dir vor: Dein Immunsystem aktiviert sich und deine Abwehrkräfte siegen über die Eindringlinge und stellen die Gesundheit wieder her.
Setze dabei auch gedanklich wie praktisch einen Arzt und Medikamente als Hilfstruppen mit ein. Glaube an den Erfolg und der Sieg über die Krankheit ist sicher und die Gesundheit ist wiederhergestellt.

Merke – Es gibt eine medizinisch verbürgte Geschichte über eine Krebsheilung:
Ein krebskranker Junge stellte sich gedanklich vor, dass in seinem Körper Science-Fiction-Flugzeuge die Krebszellen beschossen und sie so vernichteten.
Er wurde geheilt.

Merke – Die Gedanken müssen auf die Gesundheit und das Wohlergehen gerichtet sein, dies wird dann als Wunsch realisiert und der Glaube daran, dass der Arzt, die Bestrahlung oder die Medikamente helfen, wird sich erfüllen.

Merke – Der Heiler muss seinen Patienten dazu bringen, seine unbewusste negative Haltung zu ändern. Hierzu sagt der Physiker und Psychologe *Walter von Lucadou,* Gründer und Leiter der Parapsychologischen Beratungsstelle in Freiburg:

„Alle unsere Untersuchungen haben gezeigt, dass es nicht der Heiler ist, der irgendetwas macht, sondern dass der Patient sich selbst heilt. Der Heiler stößt diese Heilungsvorgänge an. Durch diesen Impuls heilt sich der Patient selbst."

Zur sogenannten „Glaubensheilung" meint er: „Es ist der Glaube allein, der da hilft."

Merke – Auch wenn du gesund bist, denke immer wieder zur Bestätigung: „Ich bin gesund", und danke dafür.

Merke – Gewalt erzeugt Gegengewalt, denn durch die SRW wird alles Erdachte sowie der geistige Inhalt jeder Tat und Handlung verstärkt zurückgespiegelt. So haben auch Gegendemonstrationen nie Erfolg, sie erzeugen nur noch mehr Gegeneinander.

Demonstrationen für etwas sind dagegen erfolgreich. Genauso ist es, wenn gegen eine Meinung angegangen wird, es wird Widerstand erzeugt. Besser ist es, die andere Meinung zu verbessern.

C.G. Jung, der große Psychoanalytiker, sagte: „Wogegen du deinen Widerstand richtest, dem verschaffst du Bestand."

Merke – Begrenzungen, die wir uns selbst errichten, sind am schwersten zu erkennen und zu än-

dern. Schon über dem Orakel von Delphi war in den Stein eingemeißelt:
„Erkenne dich selbst, so erkennst du Gott."

Merke – Fühlst und denkst du dich als Suchender, so bist du es und bleibst es. Erst wenn du deine Gedanken vom Suchen zum Finden änderst, wirst du Erfolg haben.

Merke – Hoffnung ist etwas Vages. „Wenn wir nicht mehr weiterwissen, dann bleibt uns immer noch die Hoffnung." Sind unsere Gedanken auf eine Hoffnung gerichtet, dann wird uns dieser Wunsch erfüllt, wir haben nur die Hoffnung, aber keine Erfüllung. Wir müssen unsere Gedanken vom Hoffen auf einen konkreten Wunsch richten und glauben, dass er verwirklicht wird, dann wird uns geholfen.

Merke – Glaube ist seit alters her reales Wissen. Jesus weist immer wieder darauf hin.
Der Satz „Glaube ist nicht Wissen" stimmt nicht. Er wird von denen vorgebracht, die nicht glauben.

Merke – In jedem Menschen ist etwas Gutes! Finde und fördere es und es wird zu dir zurückstrahlen. Und durch die Vernetzung alles mit allem wird es diesen Menschen besser machen.

Merke – Liebevolle Gedanken erzeugen liebevolle Gefühle, liebevolle Gefühle begünstigen liebevolle Gedanken.

Merke – Der Mensch ist ein Energiebündel, er ist zu-
sammengeballte Energie.
Denkt er positiv, so zieht er weitere Energie
an und in sich und wird stärker.
Denkt er negativ, so gibt er Energie ab, bis
keine mehr vorhanden ist und er sich auflöst.
Alle Wesen leben davon, dass sie durch Atmen,
Essen, Trinken, Lichtnahrung und so weiter
Energie aufnehmen. Geben sie durch das Leben mehr Energie ab, als sie aufnehmen, krän-
keln sie und sterben schließlich.

Merke – Glaube ist positiv,
Zweifel ist negativ.

Merke – Beim Wünschen die Bitte nicht wiederholen.
Denn dies zeugt von Zweifel und der Wunsch
wird sich nicht erfüllen. Das gläubige Denken,
dass sich der Wunsch erfüllt, ist positiv und erlaubt.

Merke – Beim Programmieren des Ichs das Programm
öfters wiederholen, damit sich dies im Unterbewusstsein festsetzt. Glaube daran und es
wird sich verwirklichen.

Wünschen + Erbitten

Wünsche +
erbitte — Mache dir dabei ein Bild von dem Gewünschten. Visualisiere es vor deinem geistigen Auge, bis es ganz deutlich zu erkennen
ist. Gelingt dies nicht, so kannst du auch das
Gewünschte aufzeichnen oder malen und die
Gedanken während der Bitte darauf richten.

Wünsche +
erbitte — und habe den Glauben, dass das Gewünschte sicher in Erfüllung geht.

Wünsche +
erbitte — nur das, was auch mit den Naturgesetzen
übereinstimmt.

Wünsche +
erbitte — dir nur etwas, das kein anderes Leben beeinträchtigt oder übervorteilt.

Wünsche +
erbitte — dir nur etwas, das auch auf Dauer für dich
gut ist. Mache dabei die Einschränkung, das
Gewünschte möge sich nur erfüllen, wenn
es gut für dich ist. (Denn manches Mal sind
die Auswirkungen eines Wunsches nicht
übersehbar.)

Wünsche +
erbitte — dir Gesundheit und Wohlergehen sowie
Überfluss in allem Guten.

Wünsche +

erbitte — dir Erkenntnis und richtiges Denken sowie einen positiven Glauben.

Wünsche +

erbitte — dir liebe und hilfsbereite Menschen um dich herum.

Wünsche +

erbitte — keinen speziellen Lotto- oder Lotteriegewinn. Er wird kaum in Erfüllung gehen, denn zu viele Menschen haben den gleichen Wunsch. Wünsche dir nur einen Geldbetrag.

Wünsche +

erbitte — dir allezeit gute Fahrt.

Wünsche +

erbitte — dir an deinem Fahrziel einen Parkplatz für dein Auto. Dieser Wunsch sollte etwa dreißig Minuten vor der Ankunft getätigt werden, so ist Zeit genug, dass er in Erfüllung gehen kann. Glaube daran und es wird ein Platz frei sein.

Wünsche +

erbitte — dir zum Beispiel Theater- oder Kinokarten, so wird — trotz Ausverkaufs — jemand da sein, der dir die Seinen überlässt. Glaube daran und du wirst einen Platz finden.

Wünsche +

erbitte — so deutlich und klar, dass die Instanz, an die du deine Wünsche richtest, sei es Gott, ein

Heiliger oder das Universum, auch versteht, was du möchtest.

Wünsche +
erbitte — Wiederhole die Wünsche aber nicht mehr, denn dies zeugt von Zweifel und sie würden nicht in Erfüllung gehen.

Wünsche +
erbitte — und überlasse die Realisierung und das Wie und Wann demjenigen, an den du die Wünsche gerichtet hattest.

Wünsche +
erbitte — etwas Vernünftiges, glaube an die Erfüllung und es wird sich realisieren!

Bedanke dich für die Erfüllung deiner Wünsche und Bitten bei der kosmischen Energie, der Lebenskraft, dem Universum oder gleich dem Inbegriff von allem, bei Gott.

Bald wirst du feststellen, dass die Erfüllung von Bedürfnissen, wie zum Beispiel der Bedarf eines Parkplatzes und so weiter, sich automatisiert. Es wird registriert, dass du irgendetwas brauchst, und diesem unbewussten Wunsch wird dann entsprochen. Bedanke dich aber jedes Mal, denn sonst vergeht die Registrierung wieder.

Ist dein Wille stark, die Visualisierung perfekt und das Verantwortungsbewusstsein vollkommen sowie dein Glaube und die Gewissheit unerschütterlich, so kannst du dir direkt, das heißt, ohne jede Vermittlung, alle Bedürfnisse selbst beschaffen. Selbst Schöpfer sein, so wie Gott es für sein Ebenbild vorgesehen hat. Jesus sagte laut

Matthäus 5,48: „Darum sollt ihr vollkommen sein, wie euer Vater im Himmel vollkommen ist."

Programmieren – Imaginieren

Alles, was wir denken, auch wenn es unbewusst ist, wird nach dem SRW-Gesetz ausgestrahlt. Es findet durch die Vernetzung alles mit allem eine Resonanz statt und die Gedanken werden verstärkt durch eine Rückkoppelung zum Urheber zurückgespiegelt.

Wünsche und Vorstellungen, die bewussten wie auch die unbewussten, ja, sogar Träume treten in die Realität. Gedanken, sowohl die positiven wie auch die negativen, verwirklichen sich.

Darum ist es sehr wichtig, dass die Gedanken, auch die des Unterbewusstseins, im Zaum gehalten werden. Wir müssen uns so programmieren, dass wir nur positiv denken und vorhandene negative Gedanken gelöscht werden.

Eine Programmierung erfolgt, indem bestimmte Feststellungen imaginiert werden und sich so im Unterbewusstsein festsetzen. Mithilfe des Atems, gedachter oder gesprochener Worte, die konzentrierter, öfter wiederholt werden und von Zeit zu Zeit je nach Bedarf aufgefrischt werden müssen, werden die bewussten wie unbewussten Gedanken beherrschbar.

Es ist die Verwirklichung des:

Ich bin.

Diese Realisierung des „Ich bin" stellt eine Tatsache dar und ist eine der bedeutendsten Feststellungen, die wir ausdrücken können.

Technik:

Beim *Einatmen* wird immer gedacht oder auch leise gesprochen, was ich bin oder sein möchte.
Beim *Einatmen* nehmen wir Energie und dabei gleichzeitig das Gedachte in unser Inneres auf.

Beim *Ausatmen* denken oder sprechen wir leise eine Bestätigung für das beim Einatmen Gedachte, um es im Unterbewusstsein zu verankern.

Einatmen	*Ausatmen*
So, ham. – (Indisch.)	– Ham, so. – (Indisch.)
Ich bin er. – (Deutsch.)	– Er ist ich. – (Deutsch.)

Eine weitere, sehr effektive Methode:

Einatmen	Ausatmen
Ich bin – zufrieden. –	– So ist es. –
Ich bin – glücklich. –	– So ist es. –
Ich bin – gesund. –	– So ist es. –
Ich bin – beweglich. –	– So ist es. –
Ich bin – liebevoll. –	– So ist es. –
Ich bin – kreativ. –	– So ist es. –
Ich bin – wissend. –	– So ist es. –
Ich bin – wohlhabend. –	– So ist es. –
Ich bin – stark. –	– So ist es. –
Ich bin – Energie. –	– So ist es. –
Ich bin – ein Geschöpf Gottes. –	– So ist es. –
Ich bin – göttlichen Ursprungs. –	– So ist es. –
Ich bin – göttlich. –	– So ist es. –
Ich bin – ein Schöpfer. –	– So ist es. –
Ich bin – der Gestalter meines Lebens. –	– So ist es. –
Ich bin – ein Aspekt des Universums. –	– So ist es. –
Ich bin – der ich bin.	– So ist es. –

Die gedachten oder auch gesprochenen Worte, wie zum Beispiel „Ich bin – zufrieden" und „So ist es", müssen mehrmals und öfter wiederholt werden, damit sie sich auch dem Unterbewusstsein einprägen. Diese Beispiele sollten nicht alle auf einmal verwendet werden, sondern sie sollten jeweils nach Gefühl einzeln ausgewählt werden.

Da die Programmierung öfter wiederholt werden sollte, empfiehlt sich für Fortgeschrittene eine verkürzte Technik. Dabei ist die Gedankenbetonung auf die Tatsache des „Ich bin" während des Einatmens zu richten und die Bestätigung auf das „Zufrieden" (und so weiter) während des Ausatmens.

Einatmen	Ausatmen
Ich bin –	– zufrieden. –
Ich bin –	– glücklich. –
Ich bin –	– gesund. –
Und so weiter.	Und so weiter.

Eine bewährte Methode, um zum „*Ich bin*" zu kommen, ist folgende Meditation:

Wir setzen uns irgendwo ruhig und bequem hin und atmen langsam und gleichmäßig.

Wir richten unsere Gedanken zum Beispiel auf Zufriedenheit. Abirrende Gedanken, die sich nicht mit Zufriedenheit beschäftigen, fangen wir ein und richten sie immer wieder auf Zufriedenheit. Zufriedene Gedanken erzeugen auch zufriedene Gefühle und durch die Widerspiegelung und Rückkoppelung wird die Zufriedenheit verstärkt. Nach einer Zeit ist „*Ich bin*" selbst zur Zufriedenheit geworden.

Beim Denken „*Ich bin* göttlich" funktioniert es ebenso: Die Gedanken werden auf alles, was göttlich ist, gerichtet. Göttliche Gedanken erzeugen durch die Widerspiegelung und Rückkoppelung göttliche Gefühle. Ich erfahre, dass „*ich*" göttlichen Ursprungs „*bin*", dass Gott mir, als seinem Geschöpf, die Selbstständigkeit über mein eigenes Schicksal gegeben hat.

Imaginieren wir dieses „*Ich bin*", so verwirklichen wir es und sind es dann auch. Zum Erschaffen müssen wir uns das Gewünschte visualisieren und sagen: „Es werde", und es wird in die Realität kommen. Gott hat uns als sein Ebenbild erschaffen und uns Macht gegeben, seien wir uns dessen immer bewusst.

23. Resümee

Alles Geistige und Materielle ist in irgendeiner Form Energie.

Diese Ur-Energie ist uns Menschen noch weitestgehend unbekannt und wir wissen auch nicht, hat diese Energie Bewusstsein oder nicht (Nullpunktfeld). Aus dieser Ur-Kraft ist aber alles entstanden und die große Menschheitsfrage ist: Gewollt oder ungewollt, bewusst oder zufällig?

Ein Teil der Menschen glaubt, dass diese Ur-Energie Bewusstsein hat und mit Absicht wirkt. Diese Kraft wird wegen des besseren Verständnisses seit alters her personifiziert und wurde in der vielfältigsten Art benannt. Da sich das Wissen der Menschen weiterentwickelte, so wurden auch dieser Ur-Energie immer neue und andere Attribute zugeordnet. Es begann mit einer aufgeteilten Energie, deren Wirkungen einzelnen Naturgeistern angelastet wurde. Dann gab es die verschiedensten Stammesgötter, die Götter der Antike, bis schließlich der erste Schöpfergott erdacht wurde. All diese Götter hatten sehr menschliche Eigenschaften. Sie waren launisch, eifersüchtig, nachtragend, rachsüchtig, parteiisch und so weiter, aber auch gut, hilfreich und verzeihend. Die menschlichen Gedanken beschäftigten sich mit diesen Gottheiten und so wurden diese nach dem Gesetz der SRW zur Realität.

Dem Willen eines Gottes, den Propheten und Priester formulierten und verkündigten, musste entsprochen werden, weil sonst irdische und höllische Strafen drohten. Durch Opfer und Gottesdienste wurde sein Wohlwollen erkauft.

Jesus Christus verkündigte dann einen liebenden Vatergott, der gütig ist, der verzeiht, mit all seinen Menschenkindern auf der ganzen Welt eins ist, ihre Wünsche erfüllt und möchte, dass es ihnen in allem gut geht.

Diese Botschaft hat sich bis heute aber noch nicht durchgesetzt.

Immer wieder wird von einem vorchristlichen Stammesgott gepredigt, der sein eigenes Volk züchtigt, der andere Völker einschließlich deren Vieh grausam ausrotten ließ, der mitleidlos unschuldige Menschen dem Satan auslieferte, der verflucht, der mit Fegefeuer und Hölle droht und Menschen, seine Geschöpfe, der ewigen Verdammnis ausliefert. Ganz normale Naturkatastrophen, bei denen auch Menschen ums Leben kommen, werden sogar von hohen Geistlichen auch heute noch als eine Strafe Gottes hingestellt, die wegen sündigen Verhaltens verhängt wurde.

Ein anderer Teil der Menschen glaubt an eine unbewusste Ur-Energie, die durch die automatisch ablaufende Evolution real wird. Big Bang, der Urknall, soll der Beginn und Anfang unseres Universums sein. Offen bleibt bei dieser Theorie, was vor dieser Schöpfung war und was den Urknall auslöste. Für ein persönliches Wesen, das bewusst schöpferisch tätig ist, bleibt bei dieser Version kein Platz. Alles Existierende entstand durch Zufall und die Lebewesen haben sich durch Selektion, Anpassung und Mutation und so weiter selbst entwickelt. Auch unser Geist fiel nicht vom Himmel, wie Professor Hoimar von Ditfurth meint, sondern hat sich auch durch die Evolution gebildet.

Die Evolution ist eine absolute Tatsache, wie dies unumstößliche Beweise belegen. Und sie ist noch nicht zum Stillstand gekommen, sondern sie bewegt sich weiter. Es gibt zwar noch einige religiöse Fundamentalisten, die dies alles verneinen, ihre vagen Argumente sind aber nicht stichhaltig.

Einige Theoretiker spekulieren aber: Vielleicht hat ja die Evolution, so wie sie unseren Geist gebildet hat, einen Über-Geist entstehen lassen, der als ein Gott das Universum verwaltet.

Oder hat vielleicht unser Schöpfergott die Gesetze der Evolution geschaffen, sie in Gang gesetzt, sich in sie hineinbegeben und steuert sie von innen her, wie der Jesuitenpater Pierre Teilhard de Chardin meint?

Fragen über Fragen, für die wir keine schlüssige Antwort haben.

Nur eines ist gewiss. In jeder Version gibt es einen Ursprung, eine Quelle, eine Ur-Energie, die in allem Geistigen wie Materiellen vorhanden ist. Durch sie ist alles Existierende untereinander vernetzt, alles mit allem verbunden, jeder steht mit jedem in Verbindung und alles reagiert aufeinander.

Wird diese Ur-Energie Gott genannt und als Gott empfunden, so ist Gott in allem.

Wird diese Ur-Energie Lebenskraft genannt und als solche erkannt, so ist sie in allem.

Wird diese Ur-Energie Universal-Seele genannt, so sind ihre Teile im Menschen Individual-Seelen.

Im Endeffekt ist es völlig egal, ob wir diese uns erschaffen habende Ur-Energie nun Gott, Gottheit, Mutter Erde, Individual-Designer, Big Bang, Nullpunktfeld oder sonst wie benennen. Es sollte jedem Menschen selbst überlassen werden, ob er sich einen persönlichen Gott vorstellt, an den er sich wenden kann, der ihm hilft und den er durch das An-ihn-Glauben für sich in die Realität bringt. Oder ob er lieber mit der Ur-Energie direkt in Beziehung treten will.

Da wir ein Teil dieser Ur-Energie sind, so können wir sie auch für uns aktivieren. Wir haben, wie es uns C. G. Jung verdeutlicht, ein Wissen im kollektiven Unterbewusstsein, das wir ans Tageslicht bringen können, und wir haben die von Gottvater oder der Ur-Energie geerbte Macht, so wie es uns Jesus lehrte, durch die wir schöpferisch tätig sein können und die es uns ermöglicht, unser Schicksal selbst zu bestimmen.

Der einzelne Wassertropfen hat keine Macht. Ist er aber mit anderen vereint, so kann er eine gewaltige Energie aufbringen.

So ist es auch mit dem Menschen. Hat er seinen Körper und Geist, zum Beispiel mit Yoga, richtig vorbereitet, sodass die Ur-Lebenskraft ungehindert in ihm fließen kann, so ist er durch die Vernetzung ein aktiver Teil der Ur-Energie geworden und hat die ihm zustehende Macht angetreten.

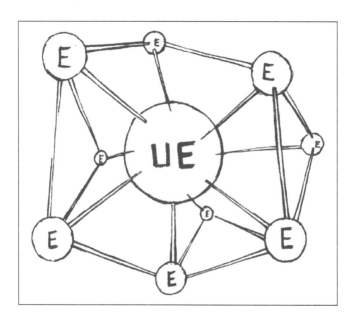

Diese Vereinigung mit der Ur-Energie, mit dem Göttlichen, macht sich bemerkbar: Es entsteht ein unbeschreibliches Glücksgefühl, das Bewusstsein erweitert sich in die Unendlichkeit und der betreffende Mensch weiß um seine Verbindung mit allem. Im Yoga heißt dieser Zustand Samadhi, im Zen Satori, im Buddhismus Nirwana, im Christentum ist es die Erleuchtung.

Wir Menschen müssen uns immer bewusst sein, dass unsere Individual-Seele ein Teil der Universal-Seele ist und dadurch jede Seele mit allen anderen Seelen eine Einheit bildet. Durch diese Vernetzung reagieren die Seelen aufeinander, es ist das kollektive Unterbewusstsein. Darum: Schädigen wir in irgendeiner Form ein Wesen, so schädigen wir uns selbst, durch die Verknüpfung alles mit allem.

Vergessen wir nie, dass wir das Ebenbild Gottes sind und die Ur-Energie unser Schöpfer ist.

Der
Ur-Code

ist das

Bewusstsein
im Allgemeinen

und das

Bewusstsein des Selbst
im Besonderen.

24. Letzte Anmerkung

 Sollte es am Anfang ab und zu einen Rückfall in alte, eingefahrene Denkmuster geben und sollte es mit dem Erdenken und Erglauben hapern, so bitte nicht deprimiert oder ärgerlich sein und vor allem nicht aufgeben, sondern nach der Ursache forschen und versuchen, dieses peu à peu zu ändern. Bedenken wir, jahrtausendealte uns überlieferte Denkschemen sind nicht von heute auf morgen umzuwandeln. Die Änderung des Neuronengeflechts in unserem Gehirn bedarf der Beständigkeit. Nehmen wir uns ein Beispiel an jenen, die es bereits erreicht haben, und achten wir nicht auf die, die noch darin gefangen sind, dann schaffen wir es auch. Denken wir immer daran, dass die göttlich-kosmische Energie, die uns erschaffen hat, auch in uns ist und wir ein bewusster Teil von ihr sind. Nichts sollte uns hindern, dies zu offenbaren.

25. Literatur

Bibel, von PROPHETEN UND APOSTELN

Kabbala, von PROPHETEN

Die Welle, von MORTON RHUE, Verlag: Ravensburger
Buchverlag

Der Schwarm, von FRANK SCHÄTZING, Verlag: Fischer
Taschenbuch

Der Heilige Gral und seine Erben, von LINCOLN, BAIGENT,
LEIGH, Verlag: Günter Lübbe

Der Weg zum Gott-Erleben – neuerdings: *Meister Eckharts
Weg zum kosmischen Bewusstsein,* von K.O. SCHMIDT,
Verlag: Drei Eichen

Der Weg zum wahren Adepten, von FRANZ BARDON,
Verlag: Hermann Bauer

Realitäten – Gottes Wirken – heute erlebt, von M. BASILEA
SCHLINK, Verlag: Selbstverlag Marienschwestern

Der Mensch im Kosmos, von PIERRE TEILHARD DE CHARDIN,
Verlag: C.H. Beck'sche Verlagsbuchhandlung

Der Geist der Materie, von JEAN E. CHARON,
Verlag: Paul Zsolnay

Der Geist fiel nicht vom Himmel, von HOIMAR VON
DITFURTH, Verlag: Hoffmann und Campe

Autobiografie eines Yogi, von PARAMAHANSA YOGANANDA,
Verlag: Self-Realization Fellowship

Yogamrita, die Essenz des Yoga, von YOGI DHIRANANDA,
Verlag: Veda

Leben und Lehren der Meister im Fernen Osten,
von BAIRD SPALDING, Verlag: Schirmer

Lichtnahrung, von JASMUHEEN, Verlag: Koha

Leben durch Lichtnahrung, von DOKTOR MICHAEL
WERNER, Verlag: AT-Verlag

Intention, von LYNNE MCTAGGART, Verlag: VAK-Verlag

Nullpunkt-Feld, von LYNNE MCTAGGART, Verlag: Goldmann

Ein herzlicher Dank gilt meiner Frau Margret,
die durch ihr Denken und Handeln mir sehr geholfen hat.
Mein Dank auch an alle,
die mir mit ihrem Rat zur Seite gestanden haben.

Der Autor

Julius Waldkirch, Dr. h. c. mult.,
geboren 1927 in Ludwigshafen, entschlüsselt logisch und leicht nachvollziehbar den Ur-Code der Schöpfung.
Seine Kenntnis ermöglicht es, sich ein
gutes und angenehmes Schicksal zu
er-denken und zu er-glauben.

novum 🔲 VERLAG FÜR NEUAUTOREN

Der Verlag

„Semper Reformandum", der unaufhörliche Zwang
sich zu erneuern begleitet die novum publishing gmbh
seit Gründung im Jahr 1997. Der Name steht für etwas
Einzigartiges, bisher noch nie da Gewesenes.
Im abwechslungsreichen Verlagsprogramm finden sich
Bücher, die alle Mitarbeiter des Verlages sowie den
Verleger persönlich begeistern, ein breites Spektrum
der aktuellen Literaturszene abbilden und in den
Ländern Deutschland, Österreich und der Schweiz
publiziert werden.
Dabei konzentriert sich der mehrfach prämierte Verlag
speziell auf die Gruppe der Erstautoren und gilt als Ent-
decker und Förderer literarischer Neulinge.

**Neue Manuskripte sind jederzeit herzlich
willkommen!**

novum publishing gmbh
Rathausgasse 73 · A-7311 Neckenmarkt
Tel: +43 2610 431 11 · Fax: +43 2610 431 11 28
Internet: office@novumpro.com · www.novumpro.com

AUSTRIA · GERMANY · HUNGARY · SPAIN · SWITZERLAND